JN494281

위대모와 평북 기독교

위대모와 평북 기독교

김명배

뿌리총서 간행사

나무에 뿌리, 물에 샘이라는 것은 우리의 개천절 노래에도, 조선의 용비어천가에도 등장하는 의미 있는 비유입니다. 압축하면 본원(本源)이라 합니다. 만물의 본원을 지극한 단계까지 찾아나서는 행위는 자기 존재를 완전히 하고 역할 수행을 극대화하며 그만큼 의미 있게 살아가기 위한 필수적 작업입니다.

높은 산 등성이에 있는 작은 샘에서 솟아난 맑은 석간수가 바위골짜기를 거쳐 산 아래 도달하고 넓은 농지와 대도시와 중간에 있는 댐과 제방을 경험하며 넓은 바다로 가는 동안 주변에서 이른바 지천이 계속 합류하여 수량은 많아지는데 청정도는 점점 떨어지지만 공업, 농업, 발전, 또는 정수하여 수백만 도시민의 상수원으로 쓸 수 있게 되어 그 용도가 커집니다. 시작은 은미했으나 결과적 쓰임새는 광대합니다. 우리 숭실도 많이 커졌습니다. 처음 시작할 때는 문과 한 반으로 시작했고, 기독교적 사회지도자, 한국 교회의 지도자를 양성하는데 초점을 맞추었지만 이제는 40여개 학과와 학부, 그리고 대학원생을 합하면 17,000여명의 재학생이 있고, 상당한 규모의 건물도 있고 500여 전임 교수진도 있습니다. 그러나 커진 만큼 초기의 맑은 정신이나 숭고하다고 했었던 목적을 그대로 견지하고 있는지 살펴볼 필요가 있습니다.

2013년 가을 우리 숭실대학교에 '뿌리찾기위원회'가 발족하였습니다. 선학120주년 기념사업의 일환으로 평양에서 시작한 숭실대학의 정신, 그 흐름의 모습과 내용, 그리고 서울에서 재건할 때의 과정 등에 대하여 집중적으로 연구하고자 해서입니다. 평양 숭실의 설립자 베어드, 2대 교장 라이너, 3대 교장 마펫, 4대 교장 매큔, 5대 교장 마우리 다섯 분의 교장을 연구하여 평전을 짓고, 블레어, 편하설, 스월른, 솔토, 해밀튼, 클라크, 보컬 등 10명의 큰 업적을 이룬 분들을 집중적으로 연구하며, 더불어 평양대부흥회, 신사참배, 『논리약해』, 순교자, 선교사들의 부인, 숭실의 문인, 숭실의 음악인, 방지일 목사, 조만식 선생 등 30주제의 사건·저술·인물 등 특정 분야에서 이루어진 탁월한 업적을 연구하고 그 가치를 재현해 내는 것을 목표로 하였습니다.

이 연구에 한국교회사 연구에 있어 전문가이신 이상규 교수님(고신대), 김흥수 교수님(목원대), 임희국 교수님(장신대), 이덕주 교수님(감신대), 김승태 교수님(한국기독교역사연구소) 그리고 민경찬(한예종) 교수님을 각각 책임 연구원으로 모실 수 있게 된 것, 그리고 숭실대학교의 여러 학문 분야의 교수님들이 참여해 주신 것에 깊은 감사를 드립니다. 희귀 자료들을 선뜻 내어 주시고, 확보에 도움을 주신 한국교회사문헌연구원의 심한보 선생, 그리고 호주 선교회 관련 자료를 제공해 주신 전 예장(통합)교단 사무총장 조성기 목사님께 감사드립니다. 또 이번 일에 크게 도움을 주신 분으로 결코 빠뜨릴 수 없는 분이 있습니다. 숭실대학교 부설 한국기독교박물관의 학예사 한명근 박사입니다. 한명근 박사는 이번 일에 있어서 여러 형태로 많은 도움을 주었습니다. 무엇보다 박물관이 소장하고 있는 희귀 자료의 열람은 물론 사진들을 제공하여 연구와 연구물의 출판에 큰 도움을 주었습니다. 뿌리찾기위원회의 발족 때부터 연구 기획에서 김명배 교수가 많은 도움을 주었습니다. 또한 더불어 기획·사무·총괄 간사로 수고해 주신 오지석 박사께도 깊은 감사를 전합니다. 사무행정에서 매끄러운 진행을 배려해 주신 120주년기념사업회 윤형흔 부장님의 수고도 함께 오래도록 기억할 것입니다.

이제 그 연구결과들을 뿌리총서라는 이름으로 숭실대학교 한국기독교문화연구원에서 간행합니다. 1967년에 출범한 한국기독교문화연구원은 그 동안 줄곧 이름 그대로 한국의 기독교문화를 연구해 오고 있습니다. 우리 연구위원회에서 수행한 활동은 사실상 한국기독교문화연구원의 사업과 부합하며, 실제로 행정과 사무실, 소장 자료를 중심으로 진행되는 등 그 활동의 일환으로 진행되어 왔습니다. 뿌리총서 1호는 윌리엄 베어드입니다. 이어 평양 시절 숭실의 교장들의 평전이, 그리고 탁월한 업적을 이루어낸 분들에 대한 연구물이 그 일련 번호를 차례로 이어 나가게 됩니다.

항시 좋은 뿌리를 가졌다고 자부해온 우리 숭실인들이 그 뿌리의 형성 과정을 다시 살펴보고 오늘의 우리에게 나타나고 있는 가지와 잎과 꽃과 열매가 바람직한 형상과 품질과 격조를 지니고 있는지를 냉정하게 살펴보는 시간이 되기를 원합니다.

만시지탄이 큰 이 일이지만 그 중요성을 인식하시고 많은 어려움 속에서도 이를 발의하시고 재정을 마련하시고 행정의 틀과 편의를 제공하여 주신 숭실대학교 총장님께 깊은 감사를 드립니다.

2017년 4월

숭실대학교 뿌리찾기위원회 위원장

숭실대학교 한국기독교문화연구원장

곽 신 환 삼가 적음

저자 서문

휘트모어 선교사는 1870년 미국 뉴욕주 브룩클린에서 독실한 기독교 가정에서 태어나 예일대학과 유니언 신학교를 졸업하고 1896년 10월 선교사로 내한하였다. 평양성교지부에 배속되어 훈련을 받다가 아직 미개척지인 평안북도 일대의 선교책임자로 임명되었다. 1897년 베어드 선교사와 함께 처음으로 선천을 방문하였고, 그곳의 신자들과 함께 한옥 집을 구입하여 예배당으로 삼았다. 1901년 의사 선교사인 샤록수와 함께 선천선교지부를 설립하여 평북일대의 복음전도사역을 주도하였고, 수많은 한국인들에게 세례를 베풀고 교회를 세우도록 하였다. 특히 그는 선천을 중심으로 한 평북일대의 선교뿐 아니라, 강계지역을 포함한 보다 먼 북쪽지역의 선교를 위해 강계선교지부를 설립하는데 앞장섰다. 그는 또한 만주 서간도 지역을 여러 번 순회여행하면서 한국인들에게 세례를 베풀었고, 한국인 목회자를 세워 만주지역에 한국인 교회를 세우는데 공헌하였다. 그는 교육사업에도 심혈을 기울여 양전백을 비롯한 선천지역의 기독교 유지들과 함께 신성학교를 설립하여 한국인들에게 신문화와 문명을 보급하는데도 앞장섰다.

한편, 휘트모어는 평북지역의 교회가 부흥하고 발전함에 따라 노회 조직을 구성하는데 일익을 담당하였다. 그는 1912년 조선예수교장로회 총회가 조직되고 7개의 대리회가 노회로 승격할 때, 북평안노회의 초대 노회장에 피선되어 노회 발전에 기여하였다. 1918년에는 의산노회가 평북노회에서 분립되자, 의산노회의 초대 노회장으로 노회의 초석을 놓기도 하였다. 선교 후반기인 1926년에 그는 서울선교부로 이임하여 1929년까지 '조선예수교서회'의 총무직을 맡아 문서선교사역에도 참여하였고, 1935년까지 한국선교의 일선에서 활약하였다. 이처럼 휘트모어는 1896년 내한하여 1935년까지 거의 40년 동안 한국선교에 헌신하였다. 그 후 휘트모어는 1935년 미국으로 귀국한 후 1938년 건강상의 이유로 은퇴하였고 인생의 말년을 보내다 1952년 5월 하나님의 부름을 받았다.

이처럼 한국선교에 위대한 선교업적을 남긴 휘트모어 선교사의 생애와 선교활동에 관한 연구는 지금까지 한국교회사 속에서 거의 전무하다시피 하였다. 그 흔한 논문하나도 발표되지 않았다. 이러한 상황 속에서 휘트모어 선교사에 대한 이 연구는 숭실대학교 뿌리찾기위원회가 숭실대학교 건학 120주년을 맞아 평양 숭실대학과 서북지역의 한국기독교사를 복원하는 프로젝트의 일환으로 시작되었다. 필자는 숭실뿌리찾기위원회의 사료수집 책임을 맡아 미북장로교 해외선교부가 발간한 한국선교관련 보고서 〈Presbyterian Church in the U.S.A(PCUSA) Board of Foreign Missions Korea Mission Reports〉를 수집하고 이 가운데 있는 휘트모어에 관한 사료들을 정리하였다. 그러나 초기 자료들은 대부분 수기로 기록되어 있고, 상당수 판독이 불가능하여 휘트모어의 선교활동을 완벽하게 정리하는 것이 어려운 상황이 되었다. 그래서 필자는 휘트모어의 선교사역을 전반적으로 보여줄 수 있는 평북지역 일대의 선교사역을 포괄적으로 기술하기로 하였다. 그리고 이와 관련된 한국측 사료들을 수집하여 보완하였다. 이러한 사료들 가운데는 1차 사료로 차재명 목사가 발간한 〈조선예수교사기〉 (상), (하)를 사용하였고, 2차 사료로는 〈평북노회사〉, Harry A. Rhodes가 저술한 *History of the Korea Mission Prebyterian Church U. S. A* 등을 수집하여 정리하였다. 그러므로 본 연구는 엄밀히 말해 오로지 휘트모어 선교사의 생애와 선교활동에 대한 연구는 아니다. 책의 제목처럼 휘트모어 선교사와 평북기독교에 관한 이야기이다. 필자는 안타깝지만 휘트모어의 생애와 선교활동의 전면적 복원을 위한 연구는 앞으로의 계속적인 연구과제로 남겨두게 되었다. 다만 이 연구의 조그마한 기여가 있다면 평북일대의 노회와 노회에 소속된 교회들에 대한 대부분의 교회들을 사료가 허락하는 대로 정리하였고, 그 교회들 가운데 휘트모어 선교사와의 관련성을 밝혀 주고 있다는 점이다.

저자 김명배

목차

휘트모어와 평북 기독교

Ⅰ. 서론 : 휘트모어의 생애

휘트모어(N.C. Whittemore, 1870-1952, 한국명 위대모(魏大模)) 선교사는 1870년 6월 7일 미국 뉴욕주 브루클린에서 출생하였다. 그의 가정은 독실한 기독교 집안으로 청소년 시절을 신앙적 분위기에서 성장했다. 그는 1886년에 인디애나 주의 캔사스에 있는 파크 대학(Park College)을 졸업하였고, 1888년에 그린위치(Greenwich) 대학을 거쳐 1892년에 예일(Yale)대학을 졸업하였다. 이후 휘트모어는 목회자가 되고자 유니언 신학교에 입학하였고, 1895년에 연합신학대학원을 졸업했다. 그 후 그는 페이(Pye)시 장로교회에서 성직을 맡아 수행하면서 1895년에서 1896년까지 2년 동안 예일 대학의 박사과정을 마쳤다. 그는 예일 대학 박사과정을 수료한 후 1896년 3월 25일 뉴 헤븐 콘(New Haven Conn)에서 내한 선교사 임명장을 받았다. 그는 이때 자신이 생각하기에 가장 최고의 선교사 가운데 한사람인 마포삼열과 동역자가 되는 것과 척박한 곳에서 생활하기 위해 자신이 미혼으로 가게 된 것을 기쁘게 생각하였다.[1)]

1896년 10월 26일 조선에 들어온 휘트모어 선교사는 곧 평양선교지부에 배속되었고, 1897년 처음으로 선천을 방문한 후, 선천을 중심으로 한 평북 일대의 구령 운동에 평생을 투신하였다. 그가 처음 평북 선천에 도착 했을 때 기독교 신자는 2명뿐이었다. 그의 선교 열정은 속속 결신자를 얻어냈고, 그는 예수를 믿게 된 현지 신자들과 힘을 합쳐 교회를 세웠다. 1897년에는 베어드(W. M. Baird) 목사와 함께 교회에서 세례를 베풀었고 나병규, 조규찬, 박승림 등을 집사로 세웠다. 그 해 12월 25일 성탄절에는 헌금을 거두어 다

---

1) N.C. Whittemore, *Letter to Dr. Ellinwood*, New Haven, 1896년 3월 27일.

음 해인 1898년 봄에 600량을 들여 석장동의 한옥 집을 구입하여 예배당을 삼았다. 이것이 선천읍 교회의 시작이다.

1901년에 선천에는 의사인 샤록스(A. M. Sharrocks) 부부가 어린 딸과 함께 파견되었고, 렉(Mr&Mrs George Leck) 부부와 루이스 체이스(Marie Louis Chase, 한국명 최미리) 여사도 그 해에 새로 지원 되었다.휘트모어 선교사는 1901년부터는 선천선교지부를 설립하고 거주하면서 이 지역 선교를 개척하는 일에 헌신하였다. 선천선교지부는 이후 놀라운 발전을 이룩하며 서북지역선교를 주도하기 시작했다. 한국에 파송된 대부분의 선교사들이 탁월했지만 그는 다른 선교사들에 비해 더욱 뛰어났다. 특히 복음전도에 있어서 어느 선교사 못지않게 열정적이었고 적극적이었다. 그가 복음의 불모지 같은 선천을 한국의 예루살렘으로 만든 것은 결코 우연이 아니었다. 복음의 열정이 대단했고, 개척선교를 하면서도 교육에 남다른 관심을 가졌다. 그는 선천읍교회를 설립하고 계속하여 평북일대에 복음을 전파하고 교회들을 설립해 나갔다.

뿐만 아니라, 이를 기반으로 교육사역을 시작하여 명신학교를 설립하였다. 명신학교 졸업생이 배출된 후에는 한국인 조사 양전백, 김석창, 노정관 등과 더불어 1906년 선천에 신성학교를 세워 초대 교장으로 취임하였다. 1909년에는 미국 북장로회 선교부의 정식인가를 받아 신성학교를 운영하였으며, 미국 선교부의 후원으로 교사와 기숙사를 신축하고 학교의 면모를 일신하였다. 이때 교감 직을 맡았던 샤록스 박사는 학교의 시설물들을 갖추고 운영을 정상화 하는 데 큰 도움을 주었다. 그 후 미국의 파크 대학 출신 조지 매큔 선교사에게 교장 직을 이양한 후, 선천선교지부에 소속되어 있으면서도 강계지방과 만주지역 선교사업에 헌신했다. 그러나 제 2대 교장이었던 조지 맥큔이 3.1운동과 일제의 탄압으로 1921년 한국에서 추방되자, 다시 제 3대 교장으로 취임하였다. 그 후 휘트모어 선교사는 1924년 신성학교 교장

직에서 사임하기까지 6년간에 걸쳐 학교 발전을 위해 헌신했다.[2)]

휘트모어 선교사는 선천지역의 복음화와 교육사역 뿐만 아니라 한국인들의 민족운동에서도 커다란 영향을 미쳤다. 그는 한국인 인재양성에도 커다란 기여를 했다. 일찍이 선천출신의 양전백을 자신의 조사로 임명하였고, 1902년에는 양전백을 장로로 안수했다. 양전백은 1907년 독노회 조직과 함께 목사 안수를 받은 한국 최초 일곱 명의 목사 가운데 한 사람이며, 1919년 3.1 운동 때 독립선언서에 서명한 33인 중의 한명으로 선천을 중심으로 기독교민족운동을 활발하게 전개한 대표적인 장로교 목회자였다. 양전백의 민족독립운동의 염원과 기독교 민족주의 정신은 휘트모어 선교사에게 적지 않은 영향을 받은 것으로 보인다. 훗날 평양산정현교회의 담임목사로 민족운동에 헌신했던 강규찬도 선천읍북교회를 출석하며 휘트모어와 직간접의 교류를 나누었다. 휘트모어는 강규찬의 신앙생활에 적지 않게 영향을 미쳤다. 강규찬은 이미 오래전부터 선천지역 복음화를 위해 헌신한 휘트모어의 신앙에 감동을 받아, 그가 개척한 선천읍북교회에 출석하였다. 강규찬이 1913년 평양신학교에 입학하여 조사로 임명 받고, 이듬해 1914년 장로로 임직을 받은 것은 휘트모어의 영향 때문이었다.[3)]

특히 휘트모어 선교사는 1902년부터 1907년까지 의주지역 선교책임을 맡아 북방선교 개척에 커다란 헌신을 했다. 이미 그는 1901년 만주를 다녀왔고, 다시 1902년과 1912년 강계 지방과 만주 지방을 답사하여 선교의 전략을 세워 나갔다. 1914년에 만주 지방에 극심한 한해(旱害)가 발생하여 그 곳에 살던 많은 한국인들이 기근에 허덕이고 있을 때, 선천의 교인들과 선교사들이 정성으로 마련한 의연금을 전달하여 그들을 돕기도 하였다.

한편, 휘트모어 선교사는 한국 사람을 진정으로 사랑한 전도자였으며, 교

2) 박용규, 『강규찬과 평양 산정현 교회』(서울: 한국기독교사연구소, 2013), 298.

3) 박용규, 『강규찬과 평양 산정현 교회』, 299.

회와 학교의 뛰어난 행정가였다. 그는 1912년 조선예수교 장로회 총회가 조직될 때, 평북 노회 제 1대 회장이 되어 노회 발전에 큰 기여를 하였고, 1918년에 평북노회에서 의산노회가 분립되자 의산노회의 초대 회장에 추대되어 노회의 기틀을 놓았다. 한국 체류 후반기인 1926년에는 서울선교부로 이전하여 한국 기독교 서회의 모체인 '조선예수교서회'의 총무직을 맡아 1929년까지 문서선교사역에 헌신하였다. 휘트모어 선교사는 1924년 5월에 병을 얻어 미국으로 다시 돌아가기 까지 28년간을 오로지 하나님의 나라의 일에 심혈을 기울였다. 그는 1935년 귀국한 후 1938년 건강상의 이유로 성직에서 은퇴하였으나, 같은 해 4월 30일 미국 북장로회는 교회의 원로로서 명예를 그에게 부여하였다. 그 후 휘트모어는 1952년 5월 15일 캘리포니아 버클리에서 하나님의 부르심을 받아 하나님 나라로 갔다.[4)]

4) 신성학교 교사편찬위원회, 『신성학교 100년사』(서울 신성학교동창회, 2006). 97-100

Ⅱ. 휘트모어와 선천선교지부

1. 선천 지역 복음화의 역사적 배경

선천군은 서해안 중부에 있는 군으로 1413년 서북면 선주를 개편하여 선천(宣川)이라 하였다. 원래 선주는 넓게 펼쳐진 벌이 있는 고을이라는 의미인데, '주'자를 '천'자나 '산'자로 고치는 교례에 따라 이 고장의 지리적 특성에 맞게 '천'자를 붙여 선천군이라 하였다.[5] 선천은 성벽이 둘려지지 않는 도시로 그 역사에 관하여 알려진 바가 별로 없다. 선천은 경성에서 심양[6]과 북경으로 가는 대로상에 위치하고 있다. 그래서 초기 대부분의 선교사들은 의주에 있는 기독교인들을 방문하기 위해 가다가 선천을 통과해야만 했다. 1885년부터 1887년 사이에 언더우드는 몇 번에 걸쳐 의주로 향하던 길에 선천을 방문하였고, 그의 부인도 한번 방문을 하였다. 감리교 선교회의 아펜젤러와 스크랜튼도 선천을 방문하였다. 1890년과 1891년 사이에는 의주에서 사경회를 개최한 마포삼열도 선천지역을 여러 번 방문하였다. 그러나 그 누구도 선천에 대한 언급을 하지 않고 있다.[7] 그 당시 선천은 의주와는 달리 기독교인이 아무도 없었기 때문에 이들 선교사들의 관심을 끌지 못했던 것 같다. 19세기 말 약 3천명의 인구를 가진 선천은 선교기지가 세워진후 철도가 부설되고 선천역이 개설되자 곧 인구가 5천명으로 증가하였다.[8]

---

5) 한동인, 『대한예수교장로회평북노회 100년사』(서울: 기독교문사, 2014), 72.

6) 심양의 옛 지명은 봉천(奉天)이다. 만주어로는 무크덴(Moukden)이라 불리며 동북(東北)지방의 정치, 경제, 문화, 교통의 중심지로 동북지방 최대의 도시이다.

7) *Korea Mission Field,* Vol, Ⅶ, (1911. September), 239.

8) Harry A. Rhodes., *History of the Korea Mission Presbyterian Church U. S. A, Volume I* (1884-1934), 최재선 역, 『미국 북장로교 한국 선교회사』(서울: 연세대학교출판부, 2009), 196.

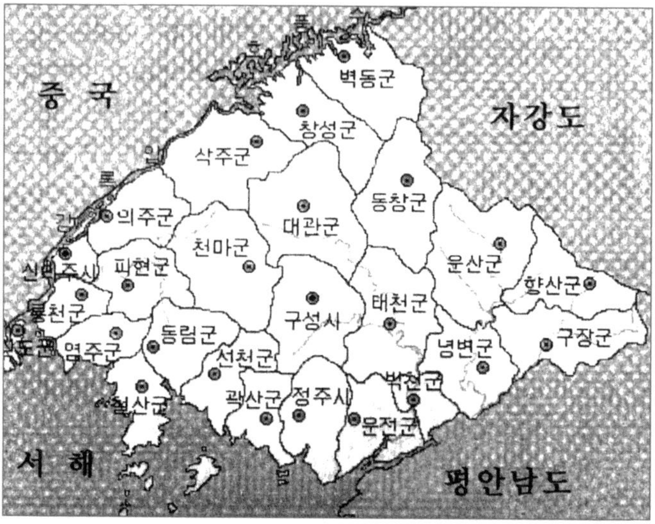

군 경계 지도(현재의 북한)

평안북도 서해안의 중심부에 위치하고 있던 선천은 19세기 말 평양에서 신의주 사이에 가장 큰 도읍이었고 평안북도에서는 의주 다음으로 두 번째로 큰 도시였다. 선천군 전체 인구는 1854년 1개 읍 10개면에 8,124 가구 32,268명이었고, 약 90년 후인 1943년 조선통계연감에 따르면 당시 선천에는 17,277 가구 99,638명의 인구가 살고 있었다. 이 통계에는 일본인 213가구 710명과 중국인 145가구 470명이 포한 된 수치다.[9)]

선천지역의 복음화의 시작은 스코틀랜드 성서공회의 파송을 받아 만주지역에 들어와 선교활동을 하던 존 로스와 그의 매제 매킨타이어의 사역과 선교활동으로 거슬러 올라간다. 만주지역에서 선교활동을 하던 로스는 1873년 아내를 잃고 실의에 빠져있던 중 우연히 평안북도 의주지역에서 장사 차 만주에 온 청년들을 만나게 되었다. 그들을 통해 로스는 조선에 깊은 관심을

---

9) 박용규, 『강규찬과 평양 산정현 교회』, 66.

의주성

의주전경

갖고 어학을 배우며 조선선교를 준비하기 시작하였다. 이들이 의주 청년 이응찬, 김청송, 백홍준, 이성하, 김진기, 서상륜 등이었다. 로스는 이들을 통해 한국어를 배우기 시작하였고, 조선을 복음화 하기 위해 이들과 함께 성경번역에 착수하였다. 그 결과 1887년 로스와 매킨타이어는 한국어로 된 신약성서인 〈예수성교전서〉를 완간하였다. 성경이 번역되자 의주 청년들은 성경을 가지고 고향으로 돌아가 복음을 전파하였고, 이로써 평안북도 일대에 복음이 놀랍게 확산되기 시작하였다. 만주지역에서도 한국인들이 모여 살던 집안현에 김청송의 전도로 복음이 전파되어 최초의 이민자 교회인 이양자 공동체가 생기었다. 뿐만아니라 황해도 지역에는 서상륜에 의해 1882년 장연군에 소래교회가 설립되었다. 이처럼 서북지역은 공식적인 선교사들이 내한하기 전 이미 의주 청년들에 의해 복음의 공동체가 설립되었고, 그 어느 지역보다도 활발하게 복음화가 진행되었다. 선천의 복음화는 이러한 만주 지역으로부터의 기독교 전파와 깊은 연관관계가 있었다.

그러나 선천의 복음화는 1885년 내한하여 활동하기 시작한 언더우드와 아펜젤러, 그리고 게일, 마펫, 스크랜턴 등이 시도한 북쪽으로의 선교여행의 영향 때문이기도 하다. 로즈가 지적한 것처럼, 초기 내한 선교사들은 선교의 가능성을 타진하기 위해 일찍이 1897년 서북지역의 서쪽끝인 의주까지 전도여행을 다녀왔고, 선천은 그 전도여행의 경유지에 포함되어 있었다. 그러므로 선천지역의 복음화는 백낙준 박사가 지적한것처럼 북하남상(北下南上)의 결과라 할 수 있다.

> 선천읍 주민 간에 기독교가 전파되고 교회가 생긴 역사는 민멸(泯滅)되어 소구(遡究)할 수 없게 되었다. 그러나 한 가지 특수성은 관서의 기독교 개신교는 북하남상(北下南上)의 결과로 기초를 잡은 사실이다. 북하(北下) 경로는 1870년대에 만주에서 기독교인이 되었던 초기 기독교 신도들의 전도는 의주, 구성, 선천의 선(線) 뻗쳐 있었고, 남상(南上)의 길은 미국 선교사들이 추진하는 평양, 선천, 의주의 선이었다.[10)]

한편, 서북 지역의 급속한 복음화는 선교사들의 공헌이외에도 또 다른 요

---

10) 박용규, 『강규찬과 평양산정현교회』, 67에서 재인용:신성학교교사편찬위원회, 『신성학교 100년사』, 3-4.

인이 있었다. 그것은 구한말 전쟁으로 인한 정치사회적 불안과 이를 극복하기 위하여 서구의 문화와 종교를 받아들였던 것이다. 동학농민전쟁을 진압하는 과정에서 청나라 군대가 들어오고 이어 일본의 군대가 들어오면서 조선은 청일 강대국의 각축장이 되었다. 결국 1894년 청일전쟁이 발발하고 평양을 중심으로 한 서북지역은 전장의 한복판이 되었다. 이 전쟁으로 인하여 한국인들은 생명과 재산이 위협에 노출되었다. 1904년 러일전쟁 또한 한반도의 북쪽지역을 무대로 전개되었다. 이 전쟁으로 말미암아 백성들은 물질적, 정신적 상처를 입었고, 국토는 황폐화되었으며, 강대국들의 약탈을 눈으로 목도하면서 민중들은 커다란 충격을 받았다. 일본이 중국과 러시아를 상대로 승리하리라고 예상을 못했던 백성들은 일본이 전쟁에서 승리하자, 기존의 문화와 사회 전통에 대한 가치관에 회의를 품게 되었다. 이들은 일본과 중국, 러시아의 전쟁을 목도하면서 중요한 교훈을 깨달았다. 메이지 유신을 통해 서구의 문물을 일찍 받아들인 일본이 중국과 러시아를 상대로 승리를 거둘 수 있었던 것은 일본이 서양식 교육을 받아들인데 있었다고 생각했다. 따라서 이들은 우리 민족의 최우선 과제는 일본처럼 서양식 교육을 받아들이는 것이라고 확신했다.[11)]

이처럼 일본의 근대화와 서구화에 자극을 받은 서북지역의 지도자들과 백성들은 교육을 비롯한 서구문물과 문화를 적극적으로 받아들여 부국강병을 이루고자 하였다. 그런데 이 서구화, 근대화의 원동력은 서구의 종교, 특히 기독교에 있었다. 이미 청일전쟁기에 평양에서 활동하던 감리교 의료 선교사인 홀은 평양 주민들의 재산과 생명을 헌신적으로 보호해주어 평양주민들의 마음이 움직이기 시작하였다. 뿐만 아니라, 서북지역의 의식 있는 지도자들은 서구식 학교를 설립하여 일반백성들을 교화하고 부국강병을 이루어야 중국, 러시아, 일본에 예속되지 않을 것이라고 확신하였다. 이러한 상황속에

---

11) 박용규, 『강규찬과 평양산정현교회』, 68.

서 기독교는 강대국의 예속에서 벗어나 부국강병을 이루는 가능성이었다. 그리하여 서북지역의 일반백성과 그 지도자들은 서양선교사들이 전파하는 복음을 듣고 기독교에 입문하였고, 이들과 더불어 서양식의 교육기관을 설립하기 시작하였다. 선천지역도 다른 서북지역과 마찬가지였다. 양대 전쟁을 겪으면서 민족의식에 사로잡혀 있던 선천지역의 선각자들은 선교사들과 힘을 합하여 교회를 세우고 교육기관을 건립하기 시작하였다.

> 우리 선천지방 선각자들이 서양식 교육으로 국민을 교도하려 하였으나 쇠퇴일로를 걷고 있던 정부의 시책은 바랄 수도 없었고, 지방민으로 서양식 교육을 도입하여 올 통로가 없었다. 때마침 서양인들이 전래하는 종교 활동에 접할 기회가 있었다. 그리고 이 종교전도활동의 주역인 미국인들은 상업과 자본주의가 국내에 등장하기 전에 교화운동에 착수하였다. 선천에는 미국인들이 채굴하던 배고개 이현 금광의 현황 같은 것을 보고 경이는 느꼈지만은 착수는 생각지도 못했다. 보이지 않은 지하의 금보다 구국이 더 필요하였기 때문이다. 관서의 대중은 미국인이 전래하는 종교에 다수 귀의하였다. 초기 기독교 신자들은 기독교가 서양문명의 전부일줄 알았을지도 모른다. 결과적으로 기독교는 관서 전역에 광포되고 교도는 국가의 위기가 급하여 갈수록 더 증가되고 교육열도 따라서 가세되고 있었다.[12)]

마포삼열과 휘트모어 선교사는 이러한 선천의 잠재력을 간파하였다. 알렌과 언더우드가 한국에 도착하여 처음 평북에 선교회를 개설할 때 의주에 기독교인이 살고 있어 선교지부를 개설할 의향을 갖고 장로교와 감리교 선교회 모두 의주에 가옥을 구입했었다. 의주 사람들은 한국인들 가운데 가장

---

12) 신성학교 교사편찬위원회, 『신성학교 100년사』, 3.

지성적이고 호전적인 사람들이어서 가장 먼저 기독교를 받아들였다.[13] 그러나 조선선교부는 평북지역에서는 의주에 선교지부를 설립하려던 처음의 계획을 취소하고 선천지역으로 정하게 되었다. 그 이유는 휘트모어가 내한하여 평북지역 선교를 책임지면서 수차례 선천을 다녀간 후 의주 보다 선천이 선교지부로서 더 적합하다고 판단했다. 그 이유는 선천이 의주보다 지리적 중요성에 있어서 더 중요하다고 판단했기 때문이었다.

2. 휘트모어의 순회여행과 선천읍교회 설립

1884년 부활절에 언더우드 선교사가 내한한 후 미 북장로회 선교본부는 한국의 복음화를 위하여 전국의 거점지역에 선교지부를 세우고자 하였다. 선천은 미 북장로회 선교부에서 설정한 4대 선교 거점의 하나였다. 미 북장로회 선교본부는 1896년 10월 26일 내한 한 휘트모어를 평양선교지부에 배속시키고, 평안북도 일대의 선교사역을 그에게 담당시키기로 결정하였다. 휘트모어 선교사는 평양에서 한국어를 배우면서 선교회의 전체 사역을 이해하고자 하였다. 1896년 12월 26일 편지에 의하면, 그는 처음으로 이길함(Graham Lee)[14] 선교사와 함께 황해도 지역을 순회여행을 하였는데, 당시 선교현장의 상황이 자신에게 얼마나 인상적인지 다음과 같이 기록하고 있다.

---

13) 박용규 「강규찬과 평양산정현교회」, 70

14) 김승태, 박혜진 엮음, 자료총서 제 18집 『내한선교사 총람, 1884-1984』(서울:한국기독교역사연구소, 1994), 344-345. 이길함(Graham Lee) 선교사는 1861년 12월 2일 미국 일리노이주에서 출생하여 시카고 맥코믹신학교를 졸업하였다. 1892년 10월 미 북장로교 선교사로 내한하여 1893년 1월 관서지방 개척선교사로 임명을 받아 그 해 2월에 평양을 방문하였다. 그러나 형편상 서울로 돌아와 연동교회 설립의 기초를 닦았다. 1895년 이후 평양에서 한국인 조사 한석진과 더불어 개척 선교하였고, 1900년에 관서지방 연합사경회를 인도하였다. 1901년부터 평양장로회신학교 교수로 활동하였고, 1907년 1월 6일 장대현교회 중심으로 부흥사경회를 개최할 때 강사로 활약하였다. 1912년 귀국하여 1916년 캘리포니아 길로이에서 소천하였다.

> 현실은 나의 최고의 기대를 훨씬 능가하였다. 한국인들은 사실 간절히 배우고자 하였다. 내가 도착하자마자 황해도 사람들은 나에게 자신들에게 와 함께 살기를 애원하는 편지를 보냈다. 그레엄 리와 황해도를 방문하였다. 리는 19명에게 세례를 주었다. 132명이 세례문답을 받았다. 전에 한 번도 방문하지 않은 마을을 방문하였다. 거기에서 우리는 30명의 넘는 지적이고 깊은 열정을 갖고 있는 사람들에게 세례문답을 하였다. 그들은 우리에게 자신들이 교회를 세우기 위해 구입한 장소를 보기 원하는지를 물었다. 그들은 선교부로부터 어떤 도움도 구하지 않았다. 또 다른 마을을 방문하였다. 우리의 방문 후 교회로 용도를 바꿀 집을 구입하였다. '예수 교리'가 거의 활화산처럼 전파되었다.[15)]

평양선교지부에 배속된 휘트모어 선교사는 보조자의 사역을 시작하였다. 그는 마포삼열(S. A. Moffett)[16)]을 통하여 평안북도에서의 선교사역에 관한 이야기를 전해 듣고 경탄하였다. 1897년이 되면서 휘트모어는 선천을 중심한 평북 일대의 선교사역에 투신하였다. 1897년 5월 봄 처음으로 평안북도 지역의 교회들로 선교여행을 시작하였다. 그는 베어드(W. M. Baird)와 함께 북서쪽으로 150마일을 떨어진 지역을 주로 산을 따라 여행하였다. 그 지역

---

15) N.C Whittemore, *Letter to Dr. Ellinwood,* Pyengyang, 1896년 12월 26일.

16) 김승태, 박혜진 엮음, 자료총서 제 18집 『내한선교사 총람, 1884-1984』, 386, 마포삼열(Samuel Austin Moffett) 선교사는 1864년 1월 25일 미국 인디애나주 매디슨에서 출생하여 하노버대학에서 자연과학을 전공하여 석사학위를 취득하고 1885년 맥코믹 신학교에 입학하였다. 1890년 1월 미 북장로교 선교사로 내한하여 서울에서 6개월 간 어학공부를 하고, 1890년 8월 제 1차 전도여행을 떠나 평양, 의주, 솔내 지역을 다녀왔다. 그후 언더우드로부터 예수교학당을 인수하여 교육사업에 종사하였고, 1891년 제 2차 전도여행을 개성, 평양, 만주, 함흥, 원산 등지로 다녀오고, 1891년부터 1893년까지는 제 3차 전도여행을 평안도, 황해도 일대 등 광범위한 지역을 다녀왔다. 1893년 평양에 선교지부를 설치하여 본격적으로 전도활동에 매진하여 많은 교회들을 설립하였고, 1901년 평양장로회신학교를 설립하여 1904년부터 1924년까지 교장 직에 있으면서 한국인 교역자 양성을 위해 진력하였다. 1907년에는 독노회가 설립될 당시 초대 노회장에 피선되었고, 1919년 조선예수교장로회 제 8대 총회장으로 선출되었다. 1918년부터 1928년까지 숭실대학의 제 3대 교장으로 봉직하였고, 일제 말기 신사참배를 반대하다, 1934년 병으로 귀국하여 1939년 10월 24일 캘리포니아 몬로비아에서 소천 하였다.

베어드 선교사

마펫 선교사

은 청일전쟁 이후 선교사들 가운데 아무도 방문하지 않았으나, 열악한 조건 속에 토착인 조사들이 신실하게 사역을 감당하고 있었다. 그곳에는 당시 8개의 모임이 있었고, 이들은 매주 일요일 예배를 드리기 위해 모임을 가졌다.[17] 특히 선천에는 1896년 가을 평양에서 신자가 되어 돌아온 수청면(水清面)의 노효준(魯孝俊)과 1897년 역시 평양에서 입교한 선천읍의 나병규(羅柄奎), 그리고 그의 향우인 조규환(趙奎煥) 등이 전도활동을 하고 있었다.[18] 이들은 1897년 선천에 들어온 휘트모어 선교사와 함께 선교에 나섰다. 이들은 불과 수 개 월만에 적지 않은 남녀 신도들을 얻게 되었고, 처음에는 남녀가 따로 교인의 집을 빌려서 예배를 드렸다. 그 후 선천의 기독교인들은 교세가 확장됨에 따라 1897년에는 읍내 석장동(石墻洞)에 한옥 한 채를 구입하

17) N.C. Whittemore, *Letter to Dr. Ellinwood*, Pyengyang, 1897년 5월 16일. 특히 그들이 방문한 삭원(Sak On)지역은 성벽이 둘러싼 군 지역으로 마포삼열이 몇 년 전에 돌아본 곳이었다. 이 지역에서 신자들이 매우 넓은 지역에 흩어져 있었고 세례받기 위하여 먼 거리를 그들에게 왔다. 심지어 20마일을 걸어온 한 바쁜 농부는 토요일 밤에 도착하여 일요일 세례를 받고 저녁에 그의 농장으로 출발하여 월요일 아침에 도착하기도 하였다.

18) 선천군지(宣川郡誌) (1977), 212.

여 예배 처로 삼았다. 이것이 선천군 최초의 교회인 선천읍 교회(후에 선천읍 남교회)가 되었다.

베어드의 권유로 다시 평양으로 돌아온 후 휘트모어는 마포삼열의 지도아래 의주지역의 교회들을 방문하기 위한 준비에 들어갔다. 이미 의주에는 작은 기독교 공동체가 하나 있었다.[19] 휘트모어는 1897년 9월 말 가을에 평양을 떠나 혼자 의주 지역을 방문하였다. 이 곳의 사람들은 거의 모두가 기독교에 대해 알기를 원하고 있었다. 그 해 봄에 이들을 방문했을 때 4명의 신자들이 있었는데, 그 후 신자수가 증가하여 회중들이 집 밖에 자리를 깔아야 했다. 그들은 이제는 교회를 지어야 한다고 걱정하고 있었다.[20]

1898년에도 휘트모어 선교사는 두 번에 걸쳐 평안북도 지역으로 순회전도 여행을 하였다. 그 첫 번째 여행은 5월 봄에 이루어졌다. 그는 선안에서 서쪽으로 16마일 도보로 행진하여 사천에 이르렀다. 순회여행 중 수행인들이 그에게 이것은 기독교 마을이다, 혹은 저곳에 기독교인 가정이 있다고 말해주었다.[21] 두 번째 북쪽지역으로 여행은 8월에 이루어졌다. 이 때 휘트모어는 선천지역을 다시 방문하였는데, 그는 이곳에서 14명의 사람들에게 세례문답을 하였는데, 이것이 그의 첫 번째 사역이었다. 그는 6주간의 여행을 통해 한 교회를 제외하고, 평안북도 지역의 모든 교회를 방문하여 98명에게 세례를 주었다.[22] 이듬해인 1899년에 휘트모어는 선천선교지부를 시작할 것을 고대하면서 '허니문' 집으로 알려지게 되는 사택을 구입하였다. 그것은 후에 선천읍 남교회(南敎會)의 일부가 되었고, 원래 있던 건물의 일부는 교회의 부

19) N.C. Whittemore, *Letter to Dr. Ellinwood,* Pyengyang, 1897년 9월 24일.
20) N.C. Whittemore, *Letter to Dr. Ellinwood,* Pyengyang, 1897년 10월 29일
21) N.C. Whittemore, *Letter to Dr. Ellinwood,* Pyengyang, 1898년 5월 23일
22) N.C. Whittemore, *Letter to Dr. Ellinwood,* Pyengyang, 1898년 8월 10일.

속건물로 사용되었다.[23)]

요약하면, 휘트모어 선교사는 1896년 10월 한국에 도착하자마자, 가능한 한 빨리 평안북도에 선교기지를 개설하라는 뜻으로 평양선교지부에 배정되었다. 휘트모어는 1897년 봄에 베어드와 함께 그 평북지역을 여행하였고, 가을에 혼자 다시 그 곳을 답사하였다. 그런데 휘트모어가 선천을 방문했을 때, 이미 기독교인들이 존재하고 있었다. 이들은 1896년 가을 평양에서 신자가 되어 돌아온 수청면(水淸面)의 노효준(魯孝俊)과 다음 해인 1897년 역시 평양에서 입교한 선천읍의 나병규(羅柄奎), 그리고 그의 향우인 조규환(趙奎煥) 등 3인으로 이들은 이미 선천에서 기독교 신앙을 전파하고 있었다.[24)] 휘트모어는 이들과 함께 선천읍 교회를 설립하고, 그 해 가을에 의주지역을 방문하였다 1898년에도 휘트모어는 두 번에 걸쳐 평북지역을 순회여행하였다.

3. 선천선교지부의 설립

평안도 지역의 교세가 날로 성장하자 평안북도를 전담하는 새로운 선교지부의 설치가 시급히 요청되었다. 처음에는 평안북도의 선교지부로 의주가 유력하게 여겨졌다. 의주는 평북지역에서 가장 크고 훌륭한 도시였고, 나중에 도청 소재지가 되었다. 의주에는 알렌과 언더우드 선교사가 도착하기 이전부터 다수의 기독교인이 있었다. 더욱이 이 지역은 일찍이 스코틀랜드장로회의 로스와 매킨타이어 선교사로부터 세례를 받고 기독교에 입문한 백홍준, 서상륜, 김진기 등의 고향이었다. 이 의주 사람들은 지성적이고 진취적이었으며, 모든 한국인들 가운데 처음으로 기독교를 받아들이고, 기독교

---

23) Harry A. Rhodes., *History of the Korea Mission Presbyterian Church U. S. A, Volume I* (1884-1934), 최재건 역, 『미국 북장로교 한국 선교회사』(서울: 연세대학교출판부, 2009), 197.

24) 선천군지(宣川郡誌) (1977), 212. 박용규는 1896년 2월 휘트모어가 베어드 선교사와 함께 세례식을 거행하고 나병규, 조규환, 박승립 세 사람을 집사로 입명하였다고 주장한다. 박용규, 『강규찬과 평양산정현교회』, 72.

수용에 가장 앞장 서 있었다. 그러므로 처음에 장로교와 감리교 선교사들은 모두 평안북도 지역에서 의주를 최적의 선교기지 장소로 여겼으며, 감리교와 장로교 모두 그곳에서 선교부의 가옥을 구입했다.[25)]

반면 선천은 선교지부가 설치되기 이전 거의 이름 없는 도시였다. 당시 선천의 인구는 3,000명도 채 안 되었고 기독교인도 거의 발견되지 않았다. 선교기지가 세워진 후에야 인구가 5천명으로 증가했다. 당시 선천지역의 교통수단은 조랑말이나 인력거 밖에 없었다. 선천에 역이 생기고 기차의 경적이 처음으로 울려 퍼진 것은 1905년 4월 28일이었다.[26)] 더구나 선천은 성벽이 둘러져 있지 않은 마을로서 그 역사에 대해 잘 알려지지도 않았다. 초기 선교사들인 휘트모어 선교사와 샤록스 의사가 선천에 도착해서 지방수령을 공식적으로 접견하러 갔을 때, 그 군수는 사람을 시켜 정문이 아닌 작은 쪽문(a little side gate)으로 들어오라고 전할 정도로 비우호적이었다. 선교사들은 이를 거절하고 큰 대문 앞에서 문이 열릴 때까지 기다렸다.[27)] 선천은 심양과 북경으로 가는 간선도로상에 있다. 초기 선교사들이 의주의 기독교인들을 만나러 가는 길에 모두 선천을 지나갔지만, 이곳에 머물렀다는 기록을 남긴 이는 없다. 언더우드 선교사는 일찍이 1887년 그 마을을 통과하였는데 그 장소에 대하여 특별한 기록을 남기지는 않았다. 아펜젤러, 게일, 마포삼열, 스크랜턴, 그리고 다른 선교사들도 그 길을 간 것은 틀림없다. 그러나 그 마을에 그들의 관심을 끌 기독교인이 없어 아무런 언급을 하지 않았던 것 같다. 그래서 처음에는 북쪽의 선교기지로 의주가 유력하였다.[28)]

---

25) Harry A. Rhodes., *History of the Korea Mission Presbyterian Church U. S. A, Volume I* (1884-1934), 최재건 역, 『미국 북장로교 한국 선교회사』, 196.

26) 박용규, 『강규찬과 평양산정현교회』, 71.

27) Harry A. Rhodes., *History of the Korea Mission Presbyterian Church U. S. A, Volume I* (1884-1934), 최재건 역, 『미국 북장로교 한국 선교회사』, 195.

28) Harry A. Rhodes., *History of the Korea Mission Presbyterian Church U. S. A, Volume I* (1884-1934), 최재건 역, 『미국 북장로교 한국 선교회사』, 196.

그러나 평안북도 지방의 선교사역을 책임 맡은 휘트모어 선교사는 선천지역을 여러 차례 다녀간 후 의주보다 선천이 선교지부로서 더 적합하다고 판단하였다, 그 주된 이유는 선천이 지니는 지리적 중요성 때문이었다. 지리적으로 의주는 평안북도의 북서부 끝에 위치하고 있었다. 이러한 지리적 위치는 선교거점으로서는 불리한 점을 지니고 있었다. 반면 선천은 평안북도 남부의 중앙에 위치하고 있어 선교사들의 입장에서 교인들과 교회를 관리하는 데 좀 더 유리하였다. 이러한 이유와 더불어 휘트모어 선교사는 적어도 두 명 혹은 세 명의 사역자들이 필요한 신자들의 강력한 집단이 선천에 이미 존재하고 있기 때문에 선교지부를 선천에 설립해야 한다고 생각하였다.[29)]

이러한 휘트모어의 주장이 제기되자, 1898년 11월에 평양 선교부 사역자들인 마포삼열과 베어드, 그리고 그레엄 리가 북쪽지역에 대한 순회전도여행을 실시하였다. 이들은 한 달간 자신들이 맡은 지역을 다녀왔고, 선천지역 거주지의 필요성에 공감하였다. 그리하여 평양선교지부는 선교본부와 함께 이 지역을 위한 위원회를 임명하였고,[30)] 그 위원회는 1898년 12월에 다음과 같은 세 가지 항목을 논의하였다. 첫째는 선천을 북쪽에서의 항구적 거주지로 하는 문제, 둘째 선천에서의 사역의 성장으로 인한 인원 보강의 문제, 셋째는 성경반의 개최문제였다.[31)] 이 논의 결과 평양선교지부는 선천에 새로운 선교지부를 설치하고 새로운 선교사로 샤록스(A. M. Sharrocks, 사락수) 부부와 마가릿 베스트(Best, 배귀례) 양을 배치하기로 결정하였다. 그리하여 이듬해인 1900년에 샤록스 의사 부부가 베스트 양과 함께 선천을 처음으로 방문하였다. 또한 성경반 개최문제를 논의하여, 선천에서 10일 동안 16번의 성경 반을 개최하였고, 회심으로 인하여 여러 새로운 집단들이 생겨나 사역이 확장되었다. 이러한 선교회의 결정으로 마침내 1901년 10월에 샤록스 부부

29) N.C. Whittemore, *Letter to Dr. Ellinwood,* Pyengyang, 1898년 8월 10일

30) N.C. Whittemore, *Letter to Dr. Ellinwood,* Pyengyang, 1898년 11월 11일

31) N.C. Whittemore, *Letter to Dr. Ellinwood,* Pyengyang, 1898년 12월 30일

와 그들의 어린 딸, 그리고 휘트모어가 선천으로 이주하여 미리 준비한 '숙소'에 입주함으로써 선천 선교지부가 정식으로 설치되었다.[32]

4. 선천선교지부 선교사들

샤록스(Alfred M. Sharrocks, 사락수(謝樂秀)) 부부와 베스트(Margaret. Best, 배귀례(裵貴禮)) 양은 1900년 선천 선교기지에 부임하기 전 이미 1899년에 내한해 있었다. 이들은 휘트모어 선교사와 함께 선천으로 이주하여 선천선교지부의 기초를 놓았다.

휘트모어 선교사와 함께 선천선교지부를 설립한 샤록스 선교사는 미주리주 파크대학을 졸업하고 1899년 9월 29일 미 북장로교 선교사로 내한하였다. 서울선교부에 부임하여 세브란스 의학전문학교의 교수로 재직하면서 의과대학 교과서를 역술하기도 하였다. 1900년 평양선교지부로 전임하여 사역하던 중 1901년 선천지역 의료선교사로 파송되어, 그 해 12월 선천에서 최초의 외국인 거주지인 자신의 집을 건축하고 선교사역에 헌신하였다. 1901년부터 1902년 겨울에는 전에 미국 공사의 비서였다가 당시에 한국정부의 궁내부 고문이었던 샌즈(W. F. Sands)가 의주에서 장티푸스를 앓게 되어 선천으로 옮겨오자, 샤록스 박사는 그를 정성껏 보살폈다.[33] 샤록스 선교사는 휘트모어가 선천의 유지들과 함께 설립하여 교장으로 있던 신성학교의 교감으로 취임하여 학교발전에 힘쓰기도 하였다. 그는 1911년 선천을 중심으로 일어난 105인 사건에 음모격려자로 연루되어 어려움을 당했다. 또한 그는 1912년 조선예수교장로회 7노회 설립 시 평북노회의 회계로 일했으며, 1917

32) Harry A. Rhodes., *History of the Korea Mission Presbyterian Church U. S. A, Volume I* (1884-1934), 최재건 역, 『미국 북장로교 한국 선교회사』, 199

33) Harry A. Rhodes., *History of the Korea Mission Presbyterian Church U. S. A, Volume I* (1884-1934), 최재건 역, 『미국 북장로교 한국 선교회사』,197-198.

년부터 1919년까지 세브란스 의학전문학교의 이사를 역임하였다. 1919년 12월 25일 미네소타 주 로체스터에서 소천 하였다. 샤록스 부인은 1938년 은퇴 후 귀국하여 1950년 5월 30일 뉴욕에서 하나님의 부름을 받았다.[34)]

샤록스 부부와 함께 선천에 온 베스트 양은 1867년 미국에서 출생하여 미주리 주 파크대학 법학과를 졸업하였다. 1897년 7월 미 북장로교 선교사로 내한하여 평양선교지부에 부임하였다. 주로 부녀자를 위한 전도, 계몽 및 행정을 담당하였고 여성지도자로 활약하였다. 1898년 숭실학교 교사로 재직했으며 문서선교사업에도 참여하였다. 1903년 10월에는 숭의여학교 개교시 초대교장으로 취임하여 교육사역에 헌신했다. 2년 후 스눅크 선교사에게 교장 직을 인수하고 전도사역에 몰두하였으며 성경 반을 운영하였다. 특히 단기 여자성경반 육성에 심혈을 기울였다. 1901년에 황해도 지역과 선천 지역에서 잠시 전도사역에 종사하였다. 1906년에는 황해도 곡산지방을 전도여행 하였으며 1907년부터 1930년까지 24년동안 평양선교지부에 소속되어 평양여자성경학원의 초대교장으로 재직하였다. 1922년에는 평양여자고등성경학교의 교장 직을 겸직하였다. 1937년 은퇴하여 미국으로 귀국하였고, 1942년 9월 30일 미국 플로리다 주 오클랜드에서 하나님의 부름을 받았다.[35)]

샤록스 부부와 베스트 양이 이사 온 몇 주일 후 조지 렉(George Leck, 羅조) 목사 부부가 선천 선교기지에 도착했다. 렉 목사는 1870년 미국에서 출생하여 1900년 10월 18일 미 북장로교 선교사로 내한하여 평양에서 1년간 체류하였다. 1901년 선천선교지부로 임명받아 선교활동을 시작하였다. 1901년 11월 2일 조사 양전백과 강계지방을 오랫동안 전도여행을 하고 돌아오던 중 미국인 광산에서 1901년 12월 25일 크리스마스 날에 천연두에 걸려 사망하

34) 김승태, 박혜진 엮음, 자료총서 제 18집 『내한선교사 총람, 1884-1984』, 464-465,

35) 김승태, 박혜진 엮음, 자료총서 제 18집 『내한선교사 총람, 1884-1984』, 165.

였다.[36] 그 여행길에 오르기 전 렉의 집터는 이듬해 봄에 시작할 건축을 위해 미리 평평하게 정지되어 있었다. 미신을 믿던 한국인들은 그의 죽음이 그 집터를 고르게 하느라 용의 등을 긁어 용을 화나게 한 데서 비롯되었다고 믿었다. 집터를 새로 잡으면서 다시는 그곳에 집을 짓지 못했다.[37] 1902년 3월 렉의 부인은 유복자를 출산한 후 그 해 12월 1일 사직하고 미국으로 귀국하였다. 1907년 렉의 죽음을 애도하여 1907년 강계 겨울성경학교 학생들의 헌금으로 기념비를 세웠다.[38]

한편, 첫 번째 독신 여성 사역자인 마리 체이스(Marie L. Chase, 崔氏) 양이 선천선교지부로 임명을 받아 1901년 12월에 도착하였다.[39] 체이스 양은 1869년 미국에서 출생하여 1896년 10월 19일 미 북장로교 선교사로 내한하여 부산에 부임하였다. 의사 어빈 부인과 부산지방 교회들을 순회하여 여성중심으로 전도활동을 펼쳤다. 1898년부터 1899년까지는 대구선교지부에서 대구지방의 여성전도사역에 종사하였다. 1901년 12월 평북 선천으로 옮겨 1911년까지 평북지방 여성전도사역에 헌신하였다. 1911년 건강 악화로 선교사직을 사임하고 미국으로 귀국하였다. 1938년 4월 21일 미국 사우드다코다주 파커에서 하나님의 부름을 받았다.[40]

한편, 렉 선교사가 사망하자, 1902년 2월에 선천선교지부에는 스왈른

36) 김승태, 박혜진 엮음, 자료총서 제 18집 『내한선교사 총람, 1884-1984』, 344.

37) Harry A. Rhodes., *History of the Korea Mission Presbyterian Church U. S. A, Volume I* (1884-1934), 최재건 역, 『미국 북장로교 한국 선교회사』, 197.

38) 김승태, 박혜진 엮음, 자료총서 제 18집 『내한선교사 총람, 1884-1984』, 344.

39) Harry A. Rhodes., *History of the Korea Mission Presbyterian Church U. S. A, Volume I* (1884-1934), 최재건 역, 『미국 북장로교 한국 선교회사』, 197.

40) 김승태, 박혜진 엮음, 지료총시 제 18집 『내한선교사 총람, 1884-1984』, 203.

(Swallen)[41]과 헌트(Hunt)[42] 선교사가 방문하여 휘트모어 선교사의 남자 사경회 사역을 도왔다. 사경회가 끝나고 렉 부인은 그들과 함께 평양으로 돌아갔고, 3월에 유복자인 아들 조지를 낳았다. 그해 3월에는 샤록스 부인도 천연두에 걸려 매우 심하게 앓았다. 평양 선교부에 있던 의사 선교사인 웰즈(Wells)[43] 박사가 평양에서 선천으로 서둘러 왔고, 서울에 있던 간호 선교사 왐볼드(Wambold)[44] 양도 웰즈 박사를 돕기 위해 서울에서 왔다. 1902년 봄에

41) 김승태, 박혜진 엮음, 자료총서 제 18집『내한선교사 총람, 1884-1984』, 스왈른(William L, Swallen, 소안론(蘇安論)) 선교사는 1865년 미국에서 출생하여 1892년 11월 미 북장로교 선교사로 내한하여 서울선교부에 소속되었다. 1893년 1월 관서지방 개척선교사로 임명받아 평양지방 선교사업을 개시하고 평양주재 선교사로 전임하였다. 1894년 함경남도 원산선교부에 파송되어 순회전도와 교육활동에 종사하였고, 다시 1899년 평양선교지부로 이주하여 숭실학당 관리책임자로 잠시 봉직하였다. 1901년 조선예수교장로회공의회 초대회장에 피선되었으며, 1903년 1월 마포삼열, 베어드와 함께 평양장로회신학교를 발족시키고, 평생 전도와 교육사업에 종사하였다. 1932년 평양선교지부에서 은퇴하여 1939년 귀국하였으며 1954년 5월 8일 미국 플로리다주 세인트 피터스버그에서 하나님의 부름을 받았다.

42) 김승태, 박혜진 엮음, 자료총서 제 18집『내한선교사 총람, 1884-1984』, 316, 헌트(William Hunt, 한위겸) 선교사는 1869년 미국에서 출생하여 1897년 10월 14일 미 북장로교 선교사로 내한하였다. 평양선교지부에서 어학공부를 하고, 1898년 황해도 재령 선교지부로 파송되어 당시 천주교인의 박해가 난폭하여 강온 양면의 방면으로 수습하였고 꾸준히 선교사역을 감당하였다. 당시 평양여학교에서 교편을 잡다가 귀향한 송정신의 도움을 받아 황해도 일원에 복음전도 사역에 진력하여 재령선교의 아버지로 불린다. 1939년 정년 은퇴 후 귀국하여 1953년 미국 뉴저지주에서 하나님의 부름을 받았다. 첫 번째 부인은 1898년 10월 헌트와 함께 내한하여 사역하다 1905년 평양에서 소천 하였고, 둘째 부인은 1906년 내한하여 재령에서 선교사역을 도왔다.

43) 김승태, 박혜진 엮음, 자료총서 제 18집『내한선교사 총람, 1884-1984』, 523. 웰즈(James Hunter. Wells, 우월시(禹越時)) 선교사는 1866년 미국에서 출생하여 의과대학을 졸업 한 후 1895년 6월 미 북장로교 의료선교사로 내한하였다. 1895년 10월 평양선교지부에 부임하여 의료선교를 시작하였다. 1915년 평양의 감리교의 기홀병원과 장로교의 기독병원이 통합된 연합기독교병원에 소속되어 활동하였다. 1915년 은퇴 후 귀국하여 1938년 7월 5일 오레곤주 포틀랜드에서 하나님의 부름을 받았다.

44) 김승태, 박혜진 엮음, 자료총서 제 18집『내한선교사 총람, 1884-1984』, 517. 왐볼드(Katherine Wambold, 황포(皇浦)) 선교사는 1866년 미국에서 출생하여 1896년 5월 미 북장로교 선교사로 내한하여 서울선교부에 부임하였다. 도티(Susan A. Doty) 양과 정신여학교를 설립 운영하였다. 1934년 은퇴 후 귀국하여 1948년 5월 12일 팔레스타인 예루살렘에서 하나님의 부름을 받았다.

선천의 선교사 가족들

는 번하우젤(C. F. Bernheisel)[45] 목사가 평양에서 와서 휘트모어의 교회순회사역을 도왔다. 선천 선교지부가 세우지고 첫 해인 1901년의 선교사역은 북한 지역에서 발생한 콜레라의 유행으로 종료되었다. 선교지부가 세워지고 그 해에 6명의 선교지부 회원, 즉 휘트모어 부부, 샤록스 부부, 베스트 양, 렉 부부, 체이스 양 등이 거주하였다. 그러나 전도여행 중 한 명이 사망하였고, 그의 미망인이 사임하였다. 선천 선교지부에는 샤록스 선교사의 집 한 채가 지어졌고, 평양과 서울의 선교지부에서 6명의 선교사들이 방문하였으며, 샤록스와 렉의 자녀 2명의 아이들이 태어났다. 그 해에 렉과 샤록스의 부인 등

45) 김승태, 박혜진 엮음, 자료총서 제 18집 『내한선교사 총람, 1884-1984』, 164. 번하우젤(Charles F. Bernheisel, 편하설(片夏薛)) 선교사는 1874년 미국에서 출생하여 1900년 10월 18일 미 북장로교 선교사로 내한하여 평양에서 선교활동을 했다. 1903년부터 평양장로회신학교 교수로 도덕학을 강의하였으며 1905년에는 평양 산정현교회를 개척하여 초대 목사로 시무하였다. 1912년부터 평양 숭실대학의 교수로 재직하였으며, 1930년부터 1931년까지는 평양 외국인학교의 교장으로 봉직하기도 하였다. 1940년 일제에 의해 강제 송환되어 미국으로 귀국하였으며 1958년 인디애나폴리스에서 소천하였다.

2명이 장티푸스에 감염되었고, 서북지역에 콜레라가 크게 유행하였다.[46)]

선천 선교지부가 세워지고 두 번째 해인 1902년에 선교지부의 회원들이 다시 보강되었다. 1902년 10월 선교지부 회원들이 연례모임을 마치고 돌아올 때 새로운 선교사인 컨스(C. E. Kearns, 계일서(桂仁瑞)) 목사 부부가 함께 선천으로 왔다. 선천에서 3시간 떨어진 곳에서 선천 기독교인 100명이 마중 나와 그들의 귀환을 환영하였다. 컨스 선교사는 1876년 미국에서 출생하여 1902년 미 북장로교 선교사로 부인과 함께 내한하였다. 그는 내한 한 지 한 달 만인 10월에 선천선교지부로 임명받아 복음전도 활동에 전념하였다. 1905년에는 1년간 성인 660명에게 세례를 주고 1천여 명을 학습문답하였다. 1907년 선교사 직을 사임하고 귀국하였고, 1953년 11월 30일 펜실베니아 주 샤론에서 하나님의 부름을 받았다.[47)]

1902년 11월에는 서울에서 활동하던 실즈(Esther Lucas Shields, 수일사(秀日斯)) 양이 선천에 와 복음전도 사역에 종사하였다. 실즈 양은 1869년 미국에서 출생하여 대학에서 간호학을 전공하였다. 1897년 미 북장로교 의료선교사로 내한하여 서울의 제중원에 부임하였다. 1902년 선천선교지부로 이임하여 여성계몽교육을 위한 순회전도 활동을 펼쳤다. 다시 서울로 돌아가 1906년부터 23년까지 세브란스 간호원양성학교의 초대교장으로 근무했다. 1936년까지 간호원 188명을 배출하였으며, 1938년 12월 40여년의 의료선교사역을 마치고 은퇴 후 귀국하였다. 1941년 11월 8일에 펜실베니아 피츠버그에서 하나님의 부름을 받았다.[48)]

1902년 11월 25일에는 시릴 로스(Cyril Ross) 목사가 도착했고, 로스 부인과 아이들은 1903년 4월에 도착하였다. 로스 선교사는 1868년 미국에서 출생

---

46) Harry A. Rhodes., *History of the Korea Mission Presbyterian Church U. S. A, Volume I* (1884-1934), 최재건 역, 『미국 북장로교 한국 선교회사』, 197.

47) 김승태, 박혜진 엮음, 자료총서 제 18집 『내한선교사 총람, 1884-1984』, 328.

48) 김승태, 박혜진 엮음, 자료총서 제 18집 『내한선교사 총람, 1884-1984』, 467-468.

하여 1897년 미 북장로교 선교사로 내한하여 부산선교지부에서 전도활동을 하였다. 그는 1899년 의료 선교사 어빈과 경남 함안에 이영리 교회를 설립하였고, 1901년에는 부산의 영주동 교회를 설립하였으며, 구마산 교회의 기초를 닦았다. 이후 그는 1902년 11월 25일 선천선교지부로 이임하여 선천의 남자성경학교의 교장으로 있으면서 신성학교 설립에 참여하였다. 1903년에는 강계지방과 만주지방을 전도 여행하였고, 1904년에는 샤록스 선교사와 다시 강계지방을 여행하고, 그 곳에 알렉산더휴양소를 건립하였다. 1912년 조선예수교장로회 총회가 조직될 때 북평안노회 노회장에 취임하였다. 그 해 여름에는 만주에 부인성경반을 조직하여 지도하였으며, 성서개역위원으로 한국어 성서 개역작업에 참여하였다. 1937년 선교사 직을 사직하고 귀국하여 1963년 2월 5일 캘리포니아 주 그렌데일에서 하나님의 부름을 받았다.[49)]

1903년 1월에 제인 사무엘(Jane Samuel, 삼열(三悅)) 선교사가 한국에 도착하였다가 그 해 가을 연례모임 후에 로스 선교사 부부를 이어 선천으로 왔다. 그는 1871년 미국에서 출생하여 1903년 미 북장로교 선교사로 내한하였다. 선천 선교지부로 부임하여 선천여자성경반 강사로 여성교육에 참여하였다. 1910년에는 의주로 이주하여 의주 여자선교사업을 개척하였고, 강계와 단둥에서 여자사경회를 지도하고 여자전도회를 조직하였다. 1912년에는 선천여자성경학교를 설립하고 교수로 신학을 강의하였으며, 평양의 숭의여학교 성경교사로도 재직하였다. 1927년 선교사 직을 사임하고 본국으로 귀국하여 1945년 오하이오 주 콜럼버스에서 하나님의 부름을 받았다.[50)]

선천선교지부에 새로운 선교사들이 부임해오자 선교회는 이들을 위한 건물을 짓기 시작하였다. 그리하여 1904년 로스 부부가 살게 될 '제인 P. 위트먼 빌딩'(Jane P. Wortman Building)을 완공하였다. 이 집은 외국인이 두 번째로

---

49) 김승태, 박혜진 엮음, 자료총서 제 18집 『내한선교사 총람, 1884-1984』, 447-448.

50) 김승태, 박혜진 엮음, 자료총서 제 18집 『내한선교사 총람, 1884-1984』, 454-455.

선교사의 집

미동병원(美東炳院)

지은 집이었다. 세 번째 집은 1906년 완성된 '컨스 하우스'(the Kearns House)였다. 또한 1907년에는 새로 두 채의 집을 완공하였는데, 한 채는 올리버(J. S. Oliver) 부인의 기증을 받아 지어진 집으로 체이스와 사무엘 양이 살게 될 올리버 매모리얼 홈(Oliver Memorial Home)이었다. 다른 한 채는 휘트모어 하우스(Whittemore House)였다.[51] 이로써 선천선교지부는 명실공히 선교회의 건물들을 모두 완공하게 되었다.

---

51) Harry A. Rhodes., *History of the Korea Mission Presbyterian Church U. S. A, Volume I* (1884-1934), 최재건 역, 『미국 북장로교 한국 선교회사』, 197-198.

Ⅲ. 선교구역의 설정과 전도사역

1. 선천읍내의 전도사역

1897년 이전에는 평양선교지부의 역량부족으로 선천지역에 몇 년 동안 방문하지 않았다. 휘트모어 선교사가 1897년 평안북도 지역으로 선교지를 배정받았을때 선천에는 기독교인이 두 명 밖에 없었다. 이들은 1896년 평양에서 복음을 받아들이고 옛 감영(선천 구부)이 있던 지역에서 이사 해온 목수 노효준과 1897년 역시 평양에서 입교한 나병규였다. 이 두사람의 전도로 선천에는 또 다른 신자 조규환과 나중에 장로가 된 조규찬이 입교하었다. 이들은 처음에 그 마을 동북쪽 산의 숲 아래에서 모임을 가지다가 불과 수개월이 못되어 남녀 신도들이 늘어나자, 남녀가 따로 교인 개인의 집에서 모였다. 교세가 확장되자, 마침내 1897년 가을, 이들은 읍내 석장동에 커다란 한옥 한채를 구입하여 그곳에서 모였다. 그 집은 개조되어 많을 때는 450명 정도의 회중이 모여 예배를 드릴 수 있었다.[52]

1898년이 되어 휘트모어 선교사는 겨울과 봄에 선천을 두 번 방문하여 남자들을 위한 사경회를 개최하였다. 그해 가을에는 마포삼열 선교사와 함께 선천지역에 순회전도여행을 다녀왔다. 이듬해인 1899년 휘트모어 선교사는 선천선교지부를 시작할 것을 고대하면서 선천에 땅을 구입하였다. 1901년 미리 구입한 부지 위에 선교기지가 만들어졌고, 휘트모어 부부, 샤록스 부부, 렉 부부, 그리고 체스양이 부임함으로 정식으로 선천선교지부가 개설되었다.

---

52) Harry A. Rhodes., *History of the Korea Mission Presbyterian Church U. S. A, Volume I* (1884-1934), 최재건 역, 『미국 북장로교 한국 선교회사』, 199. 그 집은 나중에 선천읍 남(南)교회가 될 자리의 약간 서쪽에 있었으며, 목사관이 들어섰다.

1900년 샤록스가 선천에 처음 방문하였는데, 선천군 전 지역에는 29개의 기독교 공동체에 세례자 218명, 전체 교인 1902명이나 되었다. 이듬해인 1901년 선교기지가 문을 열었을 때 선천군 지역에는 1년 전에 비해 기독교 공동체가 32개, 세례자 677명, 교인 2320명의 교인으로 불어났다.[53] 신도들이 급속히 증가하자, 선천읍 예배당은 더 이상 교인들을 수용하기에는 너무 비좁은 상태가 되었다. 그리하여 1902년 봄에 새 예배당을 짓기 위해 5년 기한의 건축헌금을 작정하였다. 이미 1898년 여자 신도인 김기반(金基盤)이 교회건축을 위하여 8백량을 헌금하였는데[54] 1902년 첫 해의 작정금은 2천 냥으로 미화 130달러에 해당하였다. 1902년 2월에는 남자 겨울 사경회를 개최하였고, 이 때 평안북도 최초의 장로로 양전백을 임명하였다. 그는 선천읍교회에서 휘트모어 선교사를 도와 6년 동안 조사로 활동해왔으며, 평양장로회신학교에 입학하여 1907년 독노회가 창립될 때에 한국 '최초의 7인'의 장로교 목사 가운데 한사람이 되었다.[55]

선천지역의 교세의 확장에 발맞추어 선천읍 교회도 성장하였다. 1903년 보고에 의하면, 선천읍(邑)교회는 신도 수가 5백 명에 이르렀다. 이것은 선천읍 인구의 10퍼센트에 해당하는 비율이었다. 예배당이 좁아 주일학교를 위한 공간을 남겨 따로 나누어 운영하였다. 이듬해인 1904년에는 김기반 여사의 헌금과 1902년부터 거둔 작정헌금으로 선천읍 염수동에 기와지붕으로 된 집을 구입하였다. 이 곳은 휘트모어 선교사가 구입한 여성들을 위한 집과 임시 진료소가 인접한 곳이었다. 훗날인 1911년에 이 세 곳이 합쳐져서 선천읍 북(北)교회의 부지가 되었다.[56]

---

53) KMF, No Ⅶ, "Notes from Syen Chyun Station", (September, 1911.), 240.

54) 신성학교 교사편찬위원회, 『신성학교 100년사』, 3-4.

55) Harry A. Rhodes., *History of the Korea Mission Presbyterian Church U. S. A, Volume I* (1884-1934), 최재건 역, 『미국 북장로교 한국 선교회사』, 199.

56) Harry A. Rhodes., *History of the Korea Mission Presbyterian Church U. S. A, Volume I* (1884-1934), 최재건 역, 『미국 북장로교 한국 선교회사』, 199.

처음 지은 선천읍교회(훗날 선천읍 북교회)

1906년 보고서에 따르면, 선천읍(邑)교회의 신자 수는 1,400명에 이르렀다. 1906년 2월에 선천군 시골지역에 있는 5개의 기독교 공동체가 처음으로 선천읍 교회에서 분립되어 나갔다. 〈조선예수교장로회 사기(상)〉의 기록에 따르면, 이들 5개 교회들은 다음과 같다.

1) 내동(內洞)교회(1901): 1901년 본동인 길종수가 소년으로 중병에 걸려 백약이 무효하너니 그 친척이 근번하세 믿게 하고 3일 민에 중병이 완쾌한지라. 전 가족과 그 친척이 동시에 믿기로 작정하고 길형천은 자기집 일동을 예배당으로 기부하고 길기하가 인도하더라.[57]
2) 동림(東林)교회(1901): 1901년 김봉헌, 유정백, 한석조, 최기준, 장득곤이 본읍(本邑)에서 복음을 듣고, 귀가 전도하여 신자가 적지 않은지라. 선교사

57) 평북노회사 편찬위원회, 『평북노회사』(서울:기독교문사, 1979), 168.

위대모 조사 양전백이 순도(巡到)하여 교회를 설립하였다.[58]

3) 신미도(身彌島)교회(1904): 1904년 의주인 최응하가 본도(本島)에 내왕하여 전도함으로 신자를 얻고 자기 집에서 예배하더니 위대모, 양전백이 순도(巡到)하여 박영근, 이순언에게 맡겨 예배당을 건립하고 인도하게 하다.[59]

4) 보신(保新)교회(1905. 3. 7): 1905년 선천읍 교인 부인 김기반(金基盤)이 내도하여 열심히 전도함으로 김치원, 김치형, 김윤문, 오치숙, 이용덕이 신종하고 읍회(邑會)에 내왕 예배하더니 선교사 위대모, 조사 김창석이 내도하여 교회를 세우다.[60]

5) 원동(院洞)교회(1905): 1905년 철산(鐵山)인 유상도가 그 형 유상환의 집에 도래하여 전도함으로 정용세, 정용규, 이관협이 신종하고 읍내에 왕래하여 예배하더니 정용경이 기부한 전일은(田一般)과 연보로 예배당을 건축하다.[61]

이상의 내동, 동림, 신미도, 보신, 원동 교회 등 5개 교회들은 모두 선천읍 교회에 출석하여 예배를 드리던 신자들이 자신의 고향 사람들에게 전도하여 예배당을 세우자, 선교사 휘트모어와 조사 양전백과 김창석 그리고 전도부인 김기반이 순회하여 교회를 세운 곳들이었다.

1906년에는 선천읍 교회는 신도들이 새로 구입한 염수동의 터 위에 새 예배당 건축을 위한 제 5차 작정 헌금을 하였고, 예배당의 머릿돌이 7월 5일에 세워졌다. 이 예배당은 1906년 10월에 3천 달러를 들여 완공되었다. 건축기금은 대부분 한국인들에 의해 조성되었고, 몇 명의 선교사들이 개인적인 기부금을 헌금 하였다. 완공된 예배당은 여유롭게 1,500명 정도의 교인들이

58) 평북노회사 편찬위원회, 『평북노회사』, 169.
59) 평북노회사 편찬위원회, 『평북노회사』, 170.
60) 평북노회사 편찬위원회, 『평북노회사』, 170.
61) 평북노회사 편찬위원회, 『평북노회사』, 166.

앉아 예배를 드릴 수 있었으며, 최대 2천 명까지 수용이 가능하였다. 1907년 2월의 어느 일요일 오후에는 사람들이 강단 주변에 세 줄로 앉았고, 40명의 어린이들이 세례를 받았다. 그 중에 샤록스 선교사의 딸인 데오도라 샤록스(Theodora Sharrocks)와 마가렛 컨스(Margaret Kearns)가 있었다.[62]

휘트모어 선교사를 도와 선천읍 교회 최초의 조사이자 장로로 활동했던 양전백은 1907년 평양장로회신학교를 졸업과 동시에 목사안수를 받았다. 그 후 1908년 여름에 휘트모어 선교사의 동사목사로 선천읍 교회에 부임하였으며, 1909년 3월에 담임목사로 취임하였다. 당시 주일학교에만 2,000명의 학생들이 등록하고 있었다. 교인들은 네비우스 선교방법론인 자급의 원리에 따라 담임목사에게 봉급을 지불하였고, 조사들에게도 봉급을 일부 지불하였다. 뿐만 아니라, 선천지역의 기독교인들은 중국의 만주 서간도 지역에 선교사를 파송하여 그들을 후원하기까지 하였다.[63]

1910년 9월 18일 오후 2시 선천군 선천읍 염수동 예배당(선천읍 교회)에서

양전백 목사

62) *Annual Report of Korea Mission, Presbyterian Church, U.S.A.*, 1907, 67.

63) Harry A. Rhodes., *History of the Korea Mission Presbyterian Church U. S. A, Volume I* (1884-1934), 최재건 역, 『미국 북장로교 한국 선교회사』, 199.

처음 지은 선천남교회

개회한 장로회 제 4회 조선노회(독노회)는 선교사 부위겸의 동의로 백만구령 운동 결의안을 통과시켰다. 이 운동과정에서 평양 교인 1천명은 연 2만 2천일의 날을 전도활동에 바쳤고, 장대현 교회의 교인들은 가가호호 방문을 통해 무려 7만 3천여 매의 전도지를 전하였다. 그리고 선천에서도 교인들에 의해 3만 5천부의 쪽 복음서가 배포되었다.[64]

1911년 선천읍 교회에서 두 번째 교회 분립이 있었다. 즉 기존의 선천읍 교회를 둘로 나누어, 선천읍을 가로지르는 시내를 중심으로 교회를 분리하였다. 시내의 북쪽은 선천읍 북(北)교회로 , 시내의 남쪽은 선천읍 남(南)교회로 하였다.

---

64) 이만연, "한국성서반포사업", 『신학성론』 13권 2호, 1985, 340-348.

선천 남교회 여전도회 총회기념(1932. 9 .4)

〈조선예수교장로회 사기(상)〉는 당시의 상황을 이렇게 기록하고 있다.

> 선천읍 교회 교인이 급격히 증가하여 한 예배당에서 수용키 어렵게 되자, 선천읍 내를 횡유(橫流)하는 장천을 경계하여 천북(川北)은 북교회에 속하고, 천남(川南)은 남교회로 속하야 구역을 정하였다. 1911년 8월 28일 천남(川南) 중구(中區)에 예배당을 건립하고 교회를 분립하였다. 당시 목사는 김창석이요, 선교사는 위대모 씨요, 장로는 이봉조, 이창석, 주봉처, 홍성익, 장시유, 한순심 씨 였다.[65]

선천읍 남(南)교회는 1897년 선천지역에서 처음으로 신도들이 모여 예배를 드린 석장동의 한옥 부지를 다시 예배당으로 사용하였다. 1911년 이 부

65) 차재명, 『조선예수교장로회사기(상권)』(서울:신문내교회, 1928), 217.

김석창 목사

지위에 새로운 예배당을 건축하기 시작하여 6월 14일 건물의 머릿돌을 세우고 여름에 예배당을 완성하였다. 예배당의 건축비는 2,500 달러가 사용되었으며 2천 명 정도의 신도들을 수용할 수 있는 규모였다. 남(南)교회의 초창기에는 등록교인이 200명이었으나, 새 건물에 입당했을 때 등록교인 수는 1 천 명 정도였다. 1911년 주일학교의 보고에 의하면, 북교회와 남교회의 주일학교 학생 수를 합치면 모두 2,500명에 이르렀다. 이는 선천읍내에 있는 3개의 남자주일학교와 4개의 여자주일학교를 합친 것이었다. 남(南)교회의 새 예배당이 세워진 후에 초대 목사는 남(南)교회 출신으로 처음으로 장로가 되고, 1911년 6월에 평양장로회신학교를 졸업한 김석창이었다. 한 때 그는 휘트모어 선교사의 관심 밖에 있었으나 낮은데서 신앙과 경험과 지식의 성장을 이루어 목회자가 되었다. 그는 교회에서 가장 위대한 영적 힘을 지닌 사람 중 한사람으로 인정을 받았고, 남교회의 담임목사로 시무하다 1926년에 조선예수교장로회 총회장이 되었다. 북(北)교회의 양전백 목사는 북(北)교회의 은퇴목사가 되었고, 1933년에 하나님의 부름을 받았다.[66]

그 이후에도 선천읍에 두 개의 교회가 더 세워졌다. 선천읍에서 세 번째로

66) Harry A. Rhodes., *History of the Korea Mission Presbyterian Church U. S. A, Volume I* (1884-1934), 최재건 역, 『미국 북장로교 한국 선교회사』, 200.

세워진 교회는 1930년 7월 7일에 창립된 중앙(中央)교회이다. 〈조선예수교장로회사기〉는 중앙(中央)교회의 설립을 다음과 같이 기록하고 있다.

> 1930년 7월 북(北)교회 목사 장규명씨가 옥거리(玉巨理)에 다 예배당을 설립할 것을 계획하고 본정통(本町通)을 경계하고, 장천(長川)을 경계하여 구역을 정한지라 당시 옥거리는 주점이 많기로 유명한 곳이고 천지(賤地)로 여기던 곳이었는데 이곳에다 반양제(半洋製) 2층, 건평 100여평의 근대식 성전을 건립하다. 공사비 60여원이다.[67]

한편, 선천읍 동(東)교회로 알려진 네 번째 교회는 1932년 8월에 세워졌다.

> 1931년 8월 남(南)교회 부목사 김진수씨가 예배당을 분립을 계획하고 본정통을 경계하야 장천 이남을 구역하고 당시 일본인들이 많이 집결해 있던 부근에다 예배당을 건립하고 예배하다. 건축공사비 60여원이 들었다.[68]

이 교회들은 각각 400명의 등록교인들이 있었다. 또한 각각 담임목사와 약 500석의 예배당을 보유하였다.[69]

이처럼 선천선교지부는 처음 선천읍교회를 설립한 후 선천읍지역에서 4차례의 분립을 통해 교회를 개척하고, 선천읍지역의 복음화를 확장시켜 나갔다.

---

67) 평북노회사 편찬위원회, 『평북노회사』, 164.

68) 평북노회사 편찬위원회, 『평북노회사』, 164.

69) Harry A. Rhodes., *History of the Korea Mission Presbyterian Church U. S. A, Volume I* (1884-1934), 최재건 역, 『미국 북장로교 한국 선교회사』, 200.

2. 평북지역의 전도사역

1) 7개의 순회구역과 담당 선교사

선천 선교지부는 평북지역을 7개의 순회구역(circuit)으로 나누어 전도활동을 하였다. 1902년 보고서에 따르면, 당시 각 구역의 전도 상황은 다음과 같았다.[70)]

순회 구역	예배집단수	순회선교사	조 사
중앙순회구역(선천군,구성군)	5	휘트모어	양전백
동부순회구역(선천군 동쪽)	7	시릴 로스	강제근
용천순회구역(용천군, 철산군)	7	시릴 로스, 블레어	정기정
의주서부순회구역(서의주)	6	휘트모어	김창근
의주동부순회구역(동의주)	8	휘트모어	김관근
북부순회구역(삭주,창성,벽동)	6	휘트모어	한득룡
극북 지역	후에 강계지부에 속하게 됨		

선천군과 구성군에 해당되는 중앙 순회구역에는 다섯 개의 기독교 공동체가 있었으며, 양전백 장로가 조사로 봉급을 받으며 일하고 있었다. 선천군 동쪽 지역의 동부 순회구역에는 7개의 기독교 공동체가 있었고, 강제근이 조사로 일하고 있었다. 용천 순회구역(용천군과 철산군)에는 7개의 기독교 공동체가 있었으며 정기정이 조사로 일하고 있었다. 의주읍 교회를 포함하는 의주군 서부 순회구역에는 6개의 기독교 공동체가 있었고, 김창근이 조사로 일하였다. 의주군 동부 순회구역에는 8개 기독교 공동체가 있었으며, 김관근이 조사로 일하고 있었다. 삭주군, 창선군, 벽동군을 포함하는 북부 순회구역에는 6개의 기독교 공동체가 있었고, 한득용이 조사로 일하고 있었

70) Harry A. Rhodes., *History of the Korea Mission Presbyterian Church U. S. A, Volume I* (1884-1934), 최재건 역, 『미국 북장로교 한국 선교회사』, 203-204.

다. 거리가 먼 북부 순회구역은 나중에 강계 선교지부에 속하게 되었다.[71]

이 7개의 순회구역 안에 평북, 산서, 의산, 용천, 삼산, 평동 노회 등 6개의 노회가 설립되었다. 평북노회는 처음에는 7개의 모든 순회구역을 포함하였으나, 노회가 분리되는 과정 속에서 최종적으로는 선천군, 철산군, 구성군 등 3개 군으로 확정되었다. 선교사의 순회구역으로는 중앙순회구역, 동부순회구역, 그리고 용천순회구역의 일부를 포함하였다. 평북노회에서 첫 번째로 분립한 노회는 산서노회이다. 1916년 7월 3일 평양장로회신학교에서 회집된 제 5회 총회는 평북노회에서 분립된 산서노회에 속한 지역으로 초산군, 위원군, 강계군, 자성군, 후창군, 그리고 중국 만주 서간도일대를 지정하였다.[72] 선교사 순회구역으로는 극북지역, 곧 후에 강계선교지부에 속하는 지역을 포함하였다. 이 지역은 대부분 휘트모어 선교사의 순회구역이었다. 평북노회에서 두 번째로 분립한 노회는 의산노회이다. 의산노회는 1918년 8월 31일 평북 의주읍 예배당에서 회집된 조선예수교장로회 제 7회 총회에서 분립하였다. 의산노회에 속한 지역은 처음에는 신의주, 의주군, 삭주군, 창성군, 벽동군 등 5개의 군과 중국 만주지역 일부를 포함하였으나,[73] 1934년 총회가 삭주군, 창성군, 벽동군을 떼어 삼산노회를 설립하자, 의산노회는 신의주와 의주군만 남게 되었다. 선교사 순회구역으로는 의주서부와 의주동부, 그리고 북부순회구역으로 초기에는 대부분 휘트모어 선교사가 담당한 구역이었다. 평북노회에서 세 번째로 분립한 노회는 1929년 설립된 용천노회이다. 용천노회에 속한 지역은 용천군 전지역이었으며, 선교사 순회구역은 용천순회구역에 속하였는데, 담당 선교사는 시릴 로스와 블레어(H. E. Blair, 1904-1907, 방혜법) 선교사였다. 마지막으로 평북노회에서 네 번째로 분

---

71) Harry A. Rhodes., *History of the Korea Mission Presbyterian Church U. S. A, Volume I* (1884-1934), 최재건 역, 『미국 북장로교 한국 선교회사』, 200.

72) 『조선예수교장로회 총회 제 5회 회의록』(1916.9.2.), 39-40.

73) 『조선예수교장로회 총회 제 7회 회의록』(1918.3.31.), 90-91.

립한 노회는 1939년 분립된 평동노회이다. 평동노회는 정주군, 박천군 일부 지역과 구성군의 영남지방 전부를 포함하였다.

해리 로즈(Harry A. Rhodes)에 의하면, 선교사들이 담당한 순회구역을 구체적으로 살펴보면 다음과 같다. 의주서부와 의주동부순회구역, 그리고 삭주군, 창성군, 벽동군을 관할하는 북부순회구역 등 3개 순회구역은 오랫동안 휘트모어 선교사가 담당했다. 휘트모어는 컨스(Kearns, 1902-1907)와 시릴 로스(Ross), 그리고 로버츠의 도움을 받았고, 램프(H. W. Lampe)에게 인계하였다. 용천군과 철산군을 관할하는 용천 순회구역은 시릴 로스와 블레어가 담당하였다. 선천군 동쪽을 담당하는 동부 순회구역은 로스가 맡았고, 다음으로 로버츠(S. L. Roberts)가 맡았다가 피터스(A. A. Pieters)가 인계하였다. 선천 중앙 순회구역에는 휘트모어가 맡았으며, 다음으로 조지 맥큔(G. S. McCune) 목사가 맡았고, 후에 호프만(C. S. Hoffman) 목사가 맡았다. 그 모든 순회구역들의 사역은 후에 한국 목사들이 안수 받게 되면서 점차적으로 그들이 담당하게 되었다.[74)]

2) 평북지역 각 군의 전도현황

1897년 선교사들이 평북지역에 처음으로 도착하기 전 의주군에는 이미 기독교인들이 있었다. 당시 의주에는 스코틀랜드 장로교회가 만주에 파송한 로스와 맥킨타이어 선교사에게 세례를 받은 백홍준을 비롯한 의주 청년들이 이미 활동하고 있었다. 이들은 백홍준을 중심으로 1883년 의주읍 교회를 설립하였다.[75)] 휘트모어는 선천에 선교기지가 개설되었을 때 한 기독교인 집단에게 의주군 계곡에 살고 있는 사람들을 위해 기도해 줄 것을 요청하

---

74) Harry A. Rhodes., *History of the Korea Mission Presbyterian Church U. S. A, Volume I* (1884-1934), 최재건 역, 『미국 북장로교 한국선교회사』, 201.

75) 대한예수교장로회총회, 『해방전 북한교회총람』, (서울:남북한선교 통일위원회북한문제연구소, 1999), 237.

였다. 그 계곡에는 기독교인이 한 명도 없었다. 그 기독교인들은 계곡에 있는 사람들이 큰 어두움 가운데 있다는 사실을 심각하게 여겼다. 그 후 휘트모어는 남산 계곡부터 시작하여 19개의 교회들과 집단들이 여러 계곡에 세워지는 것을 보았다.[76)]

선교사들의 전도 결과 의주군만큼 많은 결실을 거둔 곳이 없었다. 그 곳 사람들은 한국에서 가장 정력적이었고, 지성적이었으며, 경제적으로 부유하였다. 의주와 황해도 소래, 이 두 장소는 한국에 개신교 집단이 처음으로 등장한 곳이다. 선교회는 늘 의주에 선교기지가 확실하게 세워지는 것을 보지 못해 유감스럽게 생각하여 왔다. 의주 기독교인들은 선교기지의 설립을 반복적으로 요청하였다. 그러나 1908년에 선교회는 이를 정중하게 거절하였다. 1910년에 다시 의주읍 서부교회의 목사 김창근이 의주 지역 1 만명의 기독교인들을 대표하여 선교회에 청원서를 제출하였다. 1911년 3월에 실행위원회가 회장인 언더우드 박사와 함께 의주를 방문하였다. 일리노이 주 록아일랜드의 마르퀴스(W. S. Marquis) 목사도 동행하였다. 언더우드는 1889년 이후로는 의주에 온 적이 없었다. 그 때 매우 많은 기독교인 군중이 그들을 환영하였는데 모두 하얀 옷을 입고 말 그대로 산을 뒤덮고 있었다. 그 실행위원회의 모든 회원들은 여자 기독교인들이 수놓은 스카프를 선물로 받았다.[77)] 이렇게 호소한 결과 선교회는 휘트모어 부부와 사무엘 양으로 하여금 의주에 거주하도록 하였다. 그후 선교사들이 정기적으로 그 읍을 방문하여 들어와 살게 되었고, 이를 위해 의주에 외국인 주택이 세워졌다. 몇 해 후 그 주택은 그 지역에 있는 서부교회에 넘어갔다.[78)]

---

76) Harry A. Rhodes., *History of the Korea Mission Presbyterian Church U. S. A, Volume I* (1884-1934), 최재건 역, 『미국 북장로교 한국선교회사』, 201.

77) Korea Mission Field, May, 1911, 120.

78) Harry A. Rhodes., *History of the Korea Mission Presbyterian Church U. S. A, Volume I* (1884-1934), 최재건 역, 『미국 북장로교 한국선교회사』, 202.

철산군에는 1897년 김경일과 정기정이 의주에 내왕하다 복음을 듣고 기독교인이 되었다. 선교사 베어드와 휘트모어의 도움을 받아 인근 사람들을 전도하여 각각 철산읍교회와 학암교회를 설립하였다. 평북노회사에 따르면,

> 철산읍 교회는 1897년 김경일이 의주에 여행하여 복음을 득문하고 귀가 전도하니 장대현, 장관선, 함찬몽, 변달성, 임득무가 동시에 주를 믿고 김경일의 집에 회집한지 수년에 주일이 위착(違錯)되고 예배가 무법하더니 조사 양전백이 순회 내왕하여 신앙의 도리와 예배의 모범을 지시하고 익년에 배위량, 위대모가 내도하여 교회를 설립하고 직원을 선정하니 제1회 집사는 장관선, 장대현이라. 미구에 동부동에 기와집 10여칸을 매수하여 예배당으로 사용하였다.[79]

한편, 학암교회는 1897년 당지인(當地人) 정기정이 복음을 듣고 믿고 싶은 마음이 발생하여 의주에 내왕하여 예배하고 김준건, 김관근을 방문하여 도리를 상문한 후에 귀가하여 이전에 숭상하던 술서를 불태우고 성경을 전심 연구하여 전도에 진력한 결과 유상순, 유상엽, 이현석, 이봉조, 정경학 등이 신종하여 정경학 집에 회집하더니 배위량, 위대모 선교사와 조사 양전백이 도래하여 교회를 설립하고 정기정을 제 1회 집사로 선정하였으며 정경학의 집을 매수하여 예배당으로 사용하니라[80]고 기록하고 있다. 이처럼 이 두교회 모두는 선교사 배위량과 위대모에 의해 설립되었다. 이후 철산군 일대에서는 20개 교회들의 종소리를 들을 수 있었다.

구성군에는 1894년부터 기독교인들이 존재했는데, 백홍준의 사돈인 김이련과 그 차남 김관근이 마포삼열 선교사에게 복음을 듣고 주를 믿어 인근

---

79) 평북노회사 편찬위원회, 『평북노회사』, 182.

80) 평북노회시 편찬위원회, 『병북노회사』, 175.

사람들에게 전도하여 신시(新市)교회를 설립하였다.[81] 삭주군에는 1894년부터 기독교인들이 있었다. 1896년에 양전백, 백유제가 전도하여 삭주읍교회를 창립하였다.[82] 용천군에는 1896년 10월에 덕흥교회가 처음으로 조직되고 이어 1897년 3월에 신창교회가 설립되었다.[83] 1908년에 로즈는 양시교회 근처에 있는 용천의 한 작은 산 위에 서서 블레어 목사가 가리키는 것을 따라 주변의 마을들에 있는 24개 교회들과 모임장소들을 볼 수 있었다.[84] 창성군에는 1895년 11월 창성읍교회가 처음으로 설립되었다. 창성읍(邑)교회는 1895년 11월 15일 창립되어 1916년 이봉태를 장로로 장립하여 당회를 조직하였다. 1924년 여신도들이 적성회(赤城會)를 조직하여 4년간 건축헌금을 조달하고 재목과 벽돌을 바쳐서 새성전을 지었다. 정주군에는 1895년 정주읍교회, 1896년 청정교회, 1899년 곽산읍 교회 등이 잇달아 설립되었다. 정주읍 교회는 유상도가 전도하여 김시항, 최현보, 최성우가 1895년 10월 11일 교회를 창립하였다. 1904년 최성주를 장로로 장립하였다. 청정교회는 1896년 이준영, 박찬형, 최승조, 김여환, 김종일 등이 교회를 창립하였다.[85] 곽

81) 대한예수교장로회총회, 『해방전 북한교회총람』, 183-184. 1895년 김이련과 그 차남 김관근이 마포삼열에게 복음을 듣고 부자가 동시에 주를 믿고 인근 사람들에게 전도하니 원용수, 장응벽, 김진근, 김병갑, 양전백 등이 신종하더라. 당시 예배할 처소가 없어서 회집하지 못하더니 김이련이 동민과 협의하여 학당을 창설하고 양전백을 교사로 초빙하고 주일에 학생과 신자가 동석해서 예배하더니 청일전쟁 때에 학당이 전소되니 장소가 없는 지라 양전백이 자기 가금대(家金代) 4백량과 이일성이 보조금 1백량으로 초가 6간을 매수하여 일부 수리하고 예배당으로 사용하니 당시 조사는 김한근이라

82) 대한예수교장로회총회, 『해방전 북한교회총람』, 200. 양전백, 백유제가 전도하여 김영국, 김종호, 최익형이 교회를 창립하였다. 순행 선교사는 나조, 남해리이다. 삼산중학교를 설립 운영하였다

83) 대한예수교장로회총회, 『해방전 북한교회총람』, 219. 1896년 10월 15일 덕흥(德興)교회가 설립되어 문보항을 장로로 장립하여 당회를 조직하다. 1897년 3월 1일 조학룡이 전도하여 황국보, 황국일이 신창교회를 설립하였다. 소병조를 장로로 장립하여 당회를 조직하였다

84) Harry A. Rhodes., *History of the Korea Mission Presbyterian Church U. S. A, Volume* Ⅰ(1884-1934), 최재건 역, 『미국 북장로교 한국선교회사』, 201.

85) 차재명, 『조선예수교장로회사기(상권)』, 216. 1911년 조사 조덕찬을 장로로 장립하여 당회를 조직하였다.

산읍교회는 강제건이 전도하여 홍문종, 황금택, 김덕여, 김준문, 조광린, 강인우 등이 1899년 교회를 설립하였다. 1906년 최관흘을 장로로 장립하여 당회를 조직하였다. 교역자는 로버트였다.[86] 강계군 지역의 강계읍 교회는 강계읍 동부면 소재로 1898년 김윤봉, 김관근이 전도하여 이학면, 김태희, 김관홍, 이자화 등이 1900년 10월 10일 창립하였다. 초대 교역자로 선교사 로버츠(S.L. Roberts, 함가륜), 양전백, 강제근이 수고하였다.[87] 위원군에는 황봉규와 천년도가 1899년 석포동 교회를 설립하였다.[88] 이상의 기록에 의하면, 평북의 시골 지역의 초창기 기독교 집단들은 대부분 1897년부터 1899년 사이에 생겨나기 시작하였고, 대부분 토착인 기독교인들에 의해 복음이 전해지고, 배위량과 위대모 선교사의 지도로 교회가 세워지거나 순회여행을 통하여 관리되어졌다.

86) 대한예수교장로회총회, 『해방전 북한교회총람』, 178.

87) 대한예수교장로회총회, 『해방전 북한교회총람』, 175-176. 1904년 명신학교, 1907년 영실중학교를 운영하였고, 1909년 강계선교회를 조직하고 겨레지병원을 운영하였다. 남장대에 새 성전을 건축하고 남장대(南章坮)교회 라고 부르다. 차학연이 장로로 되었으나 이탈하여 자유교회를 만들었다. 선교사 로즈와 블레어 선교사가 사역하였으며, 한국인으로는 김진근, 김대건, 함석용, 김연 최봉석 목사가 교역하였다. 강계군읍교회에서 차학연을 장로로 장립하야 당회를 조직하다.

88) 차재명, 『조선예수교장로회사기(상권)』, 220. 위송면 소재로 황봉규, 천년도가 교회를 설립하다. 교인이 협력연금하야 예배당을 신축하니 당시 선교사는 방혜법이요 영수는 황택용, 천년필, 정일신이러라.

Ⅳ. 평북지역 교세의 확장과 교회 조직의 발전

1. 평북지역 교세의 확장

선천선교지부가 개설된 후 휘트모어를 비롯한 선교사들과 평북지역의 한국인 조사들과 교인들은 매우 적극적으로 전도활동을 펼쳤다. 이미 의주 지역에는 선교사들이 내한하기 전부터 기독교인 공동체가 존재하였고, 이들은 가까운 인척들과 이웃 주민들에게 전도활동을 펼치기 시작하였다. 또한 의주와 평양에서 복음을 듣고 기독교인들이 된 교우들은 선천, 강계, 용천, 위원, 초산, 삭주, 정주, 벽동, 창성, 박천, 자성, 후창 등 평북지역에 급속하게 복음을 전파하고 교회를 설립하였다. 이들은 산골짜기 마다 발품을 팔아 돌아다니며 복음을 전하였다. 시장이 서는 곳마다 성경을 판매하며 전도의 장으로 이용했고, 병자는 물론 감옥에 있는 사람들에게도 전도 하였다. 이러한 헌신적인 전도활동의 결과 선천선교지부가 관할하는 평북지역의 교세는 아래의 표와 같이 급속도로 증가하였다.[89)]

보고 연도	예배공동체	세례인	학습인	총교인	전국교인(장로교)
1902	44	677	1,340	3,429	16,333
1903	47	1,027	1,646	4,537	22,662
1904	57	1,265	1,792	5,119	23,356
1905	60	1,958	1,952	6,507	30,386
1906	78	3,121	3,020	11,943	44,587
1907	100	4,039	4,667	15,348	54,987

위의 표에서 보듯이, 1902년 평북지역의 기독교 공동체는 총 44개였고,

89) Annual Report of Korea Mission, Presbyterian Church. U.S.A 1904, 216.

677명의 세례자, 1,340명 학습자, 총 3,429명의 기독교인이 있었다. 1903년에는 47개의 기독교 공동체, 1027명의 세례자, 학습인 1,646명, 전체 교인 4,537명이었다. 1904년에는 57개의 기독교 공동체, 1,265명의 세례자, 1,792명의 학습자, 전체교인 5,119명이었다. 1905년에는 60개의 기독교 공동체, 세례자 1,958명, 학습인 1,952, 전체교인이 6,507명이었다. 1906년에는 78개 기독교 공동체, 세례자 3,121명, 학습인 3,020, 전체교인 11,943명이었다. 대부흥운동이 일어난 1907년에는 100개 기독교인 공동체, 세례자 4039명, 학습인 4,667, 전체교인 15,348명이었다.[90] 이는 1902년에 비해 예배 집단의 수가 2.5배로 늘어났으며, 세례자의 수가 5배, 학습자의 수가 3.5배, 전체 기독교인 수는 3.5배로 늘어났음을 보여준다. 여기에 강계 선교기지 영역으로 편입되었던 '먼 북부 지구의 수치는 포함되지 않았다.[91]

또한 1907년 독노회가 설립 될 당시 전국의 장로교인 수와 비교할 때 점진적으로 점유율이 늘어나면서 약 30% 정도까지 차지하고 있음을 알 수 있다. 컨스(Kearns)는 1905년 보고서에서 평북지역 중에서도 선천지역의 교회 성장이 어떻게 이루어졌는가를 다음과 같이 기록하였다.

> 1년 반 전에 시작된 대전도운동은 불과 몇 개월이 지나자 힘을 얻기 시작했다. 전 지역에서 계속해서 사람들이 놀랍게 모였다. 한 교회도 예외 없이 성장했고, 많은 교회들이 배가 되었으며, 18개의 힘 있는 교회가 새로 형성되었다. 이와 같은 성장은 단지 수적인 성장만 있었던 것이 아니다. 부흥운동은 전교회가 영적인 삶이 깊어진 것을 의미하였다.[92]

---

90) Korea Mission Field, September, 1911. 239.

91) Harry A. Rhodes., *History of the Korea Mission Presbyterian Church U. S. A, Volume I* (1884-1934), 최재건 역, 『미국 북장로교 한국선교회사』, 201.

92) C. E. Kearns, "More and Yet More," KMF. Ⅱ:9 (Jul. 1905). 171;박용규, 「강규찬과 평양산정현교회」, 74에서 재인용.

이러한 성장의 원인은 1906년 초에 개최한 사경회를 통해 새신자들이 대거 교회로 들어왔기 때문이었다. 선천읍교회가 급격히 성장하자, 시골 지역에서 읍으로 내왕하는 신자들을 위해 1906년 2월에 내동교회, 동림교회, 신미도교회, 보신교회, 원동교회 등 5개의 교회를 분리 독립시켰다. 그러나 여전히 읍교회는 1906년 7월 현재 교회 등록수가 1,435명이었고, 평균 출석인원은 1,000명이었다. 예배당이 비좁고 부족하자, 건축을 새롭게 시작하였다. 모두 5차례에 걸쳐 교인들의 건축 작정헌금을 받았다. 다수의 신자들이 헌금을 드렸고, 값나가는 귀금속을 드리거나 노동력을 바쳤다. 재산이 없어 아무것도 바칠 수 없는 이들은 기도로 지원했다.[93)]

또한 선천선교지부가 관할하는 평북지역은 급격히 교세가 증가했을 뿐만 아니라, 성서를 비롯한 문서보급 사역에 있어서도 두드러진 신장을 보였다. 1905년 한해에 8개 서점이 개설되었고, 권서인 3명이 채용되어 신약성경(대부분 중국어) 3,092권을 포함하여 기독교문서 총 44,008권과 찬송가 4,048권이 보급되었다. 선천지역의 그리스도인 3분의 1 이상이 신약성서가 매진된 이후에 예수를 믿은 이들이었다.[94)]

한편, 1907년에 일어난 평양 대부흥운동은 선천지역에도 커다란 영향을 끼쳤다. 1907년 1월 평양 장대현 교회에서 일어난 대부흥운동은 같은 해 2월 선천과 의주지역의 겨울 남자 사경회에 영향을 주었다. 어느 해보다 많은 1,180명의 사람들이 참석한 남자사경회는 매일 저녁 집회마다 성령의 놀라운 역사가 일어났다. 평양과 마찬가지로 사경회는 참석한 사람들의 철저한 죄 고백과 회개로 가득 찼고, 성령의 강력한 역사가 일어났다. 1907년 미국 북장로교 선교부에 보낸 연례 보고서는 선천에서 일어났던 대부흥운동을 다음과 같이 기술하고 있다.

---

93) 박용규, 『강규찬과 평양산정현교회』, 73-74.

94) 박용규, 『강규찬과 평양산정현교회』, 75.

> 우리는 2월 이길함 선교사의 선천 선교지부 방문에 그 영예를 돌리지 않을 수 없다. 그것은 그때 부흥운동의 출구가 열리고, 교회가 몇 개월 동안 기도해 왔던 바대로 하나님의 권능이 헌신되었기 때문이다. 그때의 고통과 어려움은 결코 잊지 않을 것이지만, 우리는 교회가 죄 고백으로 순결해졌으며, 죄의 통회로 힘을 얻었으며, 사랑의 영의 지배로 더 높은 차원의 계획을 세울 수 있게 되었다. 성령의 권능은 약한 사람을 강하게 만들어 주었고, 흔들리는 여인들에게 도덕과 순결한 삶을 가져다주었다. 선천과 의주의 겨울 사경회 기간 동안 집회가 남녀를 위해 매일 열렸고 늦은 밤까지 죄 고백이 계속되었다. 잘못된 것들이 바로 잡혔고 도둑맞은 돈이 되돌아왔으며, 그리고 그것은 많은 사람들에게 자신들의 신앙생활이 거듭나는 시간이었다. 우리는 외국인이던 한국인이던 우리 모두가 우리에게 이미 주어진 중생에 대한 확신을 갖기를 기도했다.[95]

1907년 3월 12일자 미북장로교 선교부 총무 브라운에게 보낸 마가렛 베스트(Margaret Best)의 편지도 사경회를 통해 "회개와 통회를 수반하는 놀라운 성령의 바람이 선천과 많은 다른 시골교회로 확산되었다."[96]고 보고하였다. 이러한 선천지역의 대각성은 이길함 선교사의 영향력이 컸다. 이길함 선교사는 1906년 여름 평양에서 열린 선교사들을 위한 사경회에서 성령의 은혜를 체험하였고, 평양 장대현교회 담임목사로 1907년 1월 평양에서 개최된 겨울 남자사경회 때도 성령의 역사를 확인하여 사경회 강사로서 적격자였다. 이길함 선교사가 2월에 선천을 방문하여 남자사경회를 인도하자, 참석한 이들은 죄고백과 회개로 순결한 마음들을 회복했고, 새로운 삶으로 거듭나 중생에 대한 확신 가운데 잘못된 생활을 바로잡았다. 사경회에 참석하여 성령

---

95) *Annual Report, of Korea Mission, Presbyterian Church. U.S.A* (1907), 64-65. Cf. C. E. Kearns, Letter to Dr. Brown. Mar. 3, 1907; 박용규, 『강규찬과 평양산정현교회』, 76-77에서 재인용.

96) Margaret Best, Letter to Dr. Brown, Mar. 12, 1907; 박용규, 『강규찬과 평양산정현교회』, 76.

의 은혜를 체험한 이들은 새로운 결단과 열망으로 불타올라 자기의 고향으로 돌아갔다. 평북지역의 지방에서도 한국인 조사들의 지원을 받으며 많게는 500명까지 모이는 9번의 사경회가 열려 부흥의 불길은 평북 지방전역으로 급속하게 확산되었다.[97)]

성령의 강력한 역사로 선천선교지부는 질적 및 양적인 변화를 경험하였다. 1907년에 선천읍교회는 과거에는 찾아 볼 수 없는 정도로 "완전한 건강한 상태"로 성장했고, 지방사역도 급속하게 계속 성장했다. 1907년 4월 1일자 윌리엄 헌트(William B. Hunt)의 편지에 의하면, 선천읍교회 주일 아침예배에 거의 1,000명이 출석하고 있었다.[98)] 1907년 대부흥을 경험하면서 선천지역은 103개의 학교, 102개의 교회에 4,039명의 입교인, 4,667명의 학습교인 그리고 등록교인 15,348명의 교세로 급증하였다. 기대 이상으로 교회가 급속하게 조직되고, 남녀 초등학교가 학생들로 넘쳐 났으며 신학생들도 늘어났다.[99)]

이런 부흥에 힘입어 선천읍(邑)교회는 1911년 읍내를 가로 질러 흐르는 장천을 경계로 기존의 선천읍(邑)교회를 선천 북(北)교회로 이름을 명명하고, 장천 남쪽에는 선천 남(南)교회를 분립하였으며, 이후 1930년에는 북(北)교회에서 중앙(中央)교회가 분립하였고, 1931년 남(南)교회에서 동(東)교회가 분립되었다. 1940년 통계에 의하면 선천 북교회, 남교회, 중앙교회, 동교회 전체 교세는 약 6,000명이었으며, 읍과 8면 모두 합하면 42개 교회에 약 15,200명의 교인이 있었다.[100)] 이 같은 선천지역 교회의 성장의 결과 1912년 조선예수교 장로회 총회 창립시 선천읍(邑)교회에서 평북노회가 창립되었다. 이어 평북노회의 관할 지역 가운데 강계지방을 중심으로 1916년 제 4회 총회에서 산서노회를 분립하였고, 1929년에는 평북노회에서 용천노회가 그리고 1939

97) *Annual Report, of Korea Mission, Presbyterian Church. U.S.A* (1907), 69.

98) William B. Hunt, Letter to Brown, April 1, 1907; 박용규, 『강규찬과 평양산정현교회』, 78.

99) 박용규, 『강규찬과 평양산정현교회』, 78.

100) 박용규, 『강규찬과 평양산정현교회』, 78.

년에는 평동노회가 분립되었다. 이러한 교회의 설립과 노회의 분립은 선천 지역의 선교가 얼마나 활발했는지를 단적으로 보여준다.[101)]

2. 교회의 조직

1) 독노회의 설립

1907년 대부흥운동을 경험한 한국교회는 교세가 크게 늘어났다. 이미 1901년에는 마포삼열 선교사가 김종섭, 방기창 두 사람에게 신학교육을 실시하기 시작하여 1907년 6월에 길선주, 방기창, 송인서, 한석진, 이기풍, 양전백, 서경조 등 7명의 한국인 졸업생을 배출하였다. 졸업생이 배출되자, 1907년 9월 17일 평양 장대현 교회에서 미국 북장로교와 캐나다 장로교, 영국장로교, 호주장로교, 미남장로교 선교사들이 조선예수교장로회 독노회를 조직하고, 신학교 졸업생 7인에게 목사안수를 주었다. 이 날 열린 독노회는 선교사 38명, 한국인 장로 40명, 합계 78명이 모여서 독노회를 조직하고, 첫 노회장에 마포삼열, 부회장 방기창, 서기 한석진, 부서기 송린서, 회계 이길함 선교사를 선출하였다.[102)] 독노회는 전국을 평북, 평남, 황해, 전라, 경상, 함경, 경충 등 7개로 나누어 대리회를 만들고 노회의 위임사항들을 처리케 하였다.[103)]

당시 독노회 산하 교회는 737개 교회였고 각 대리회별 교세는 평북대리회 산하 160개 교회, 평남대리회 산하 89개 교회였고, 황해대리회 산하 47개 교회, 전라대리회 산하 127개 교회, 경상대리회 산하 186개 교회, 함경대리회 산하 78개 교회, 경충대리회 산하 50개 교회가 설립되었다.[104)] 독노회는 창

101) 박용규, 『강규찬과 평양산정현교회』, 79.

102) 차재명, 『조선예수교장로회 사기(상권)』(서울:신문내교회, 1928), 181-182.

103) 『조선예수교장로회 독노회 제 1회 회의록』(1908), 1-42.

104) 『조선예수교장로회 독노회 제 1회 회의록』, 23;황기식, "간도,만주 연해주 지역 한국장로

립과 동시에 교회가 견지할 신앙고백서 곧 신조를 채택하였는데, 인도 자유교회가 1904년 창립하면서 채택한 12신조를 조선예수교장로회의 공식적 신조로 받아들였다. 또한 새로 설립된 노회는 전도부를 설립하고 그 첫 사업으로 장로회신학교 1회 졸업생 중 하나인 이기풍 목사를 제주도로 파송하여 전도에 박차를 가했다.[105]

2) 총회와 7개 노회 창립

독노회가 설립되고 1907년 대부흥운동과 1909년 백만인구령운동의 영향으로 날로 교세가 확장되자, 총회조직이 요청되었다. 그리하여 1911년에 독노회 산하에 있던 7개의 대리회를 노회로 조직하고 총회의 창립을 준비하였다. 그리고 1912년 9월 1일 평양 여자성경학원에서 독노회장 이눌서 선교사의 사회로 총회를 창립하였다.[106] 이 날 총회는 7개의 노회에서 선교사 44명, 한국인 목사 52명, 총 96명의 목사와 장로 125명 총 221명이 참석하였다. 초대 총회장에는 언더우드가 선출되었고, 부회장에 길선주 목사를 선출하였다. 이날 창립된 총회는 주요 안건으로 선교와 교육문제를 다루었다. 특히 총회는 외국인들을 위한 선교에 나서 중국 산동성에 김영훈, 사병순, 박태로 등 세 목사를 첫 선교사로 파송하기로 결의하였다.[107]

총회가 창립되기 전 독노회 산하 7개 대리회는 노회로 발전하였다. 7개 대리회 가운데 가장 첫 번째로 조직된 노회는 1911년 10월 11일 설립한 전라노회이다. 전라노회는 진주 시문밖예배당에서 김필수 목사를 소집책으로 하여 회집되었다. 이날 이눌서 목사의 기도와 김필수 목사의 강도(설교)와 부

교 노회형성사", 제 6회 한국교회사포럼 자료집, 2015. 6.16, 대한예수교장로회 총회 역사위원회, 39.

105) 김인수, 『한국기독교회사』(서울:한국장로교출판사,1994), 191.

106) 한국교회사학회편, 『조선예수교장로회 사기(하권)』(서울:연세대학교출판부, 1968), 13.

107) 『조선예수교장로회 총회 제 1회 회의록』(1912. 9.1), 18-19, 21-22.

중국 산동성에 파송된 선교사(박태로, 김영훈, 사병순)

위렴 선교사의 성찬예식 후 이기풍 목사의 축도로 노회가 시작되었다.[108)]

두 번째로 조직된 노회는 1911년 12월 4일 창립된 경충노회이다. 경기도 지방과 충청도 지방을 관할하는 경충노회는 원두우 선교사가 소집책이 되어 경성부 신문내예배당에서 회집되었다. 노회장에 민노아, 서기에 김규식, 회계에 김소를 선출하였다.[109)] 충청도 선교지역은 충남은 남감리교 선교지역으로 충북은 북장로교 선교지역으로 구분되어 있었다. 충청도 지역은 장로교 교세가 약하여 총회는 경기도와 충청도를 합하여 경충노회로 부르게 하였다.[110)]

---

108) 『조선예수교장로회 전라노회록 제 1회 회의록』(1911.1.15.), 2.

109) 한국교회사학회편, 『조선예수교장로회 사기(하권)』, 55.;『경충노회 제 1회 회의록』(1911. 12. 4), 1;『조선예수교장로회 독노회 제 5회 회의록』(1911.9.17.)

110) 『조선예수교장로회 전라노회 제 1회 회의록』(1911. 9. 18)

세 번째로 조직된 노회는 1911년 12월 8일 창립된 황해노회이다. 황해노회는 봉산군 영천면 모등교회에서 이원목 목사를 소집장으로 회집되었다. 노회장에는 구례빈, 서기에 이원민, 회계에 김경률이 선출되었다. 황해노회는 첫 노회에서 평양 장로회신학기 5회 졸업생들인 재령교회 박태로 목사와 모등교회 최명은 목사를 위임목사로 임직했다. 박태로 목사는 중국 산동성에 선교사로 파송되었다.[111)]

넷째로 조직된 노회는 1912년 1월 6일 창립된 경상노회이다. 경상노회는 왕길지(G. O. Engel) 목사를 소집장으로 하여 부산진교회에서 회집되었다. 노회장에는 왕길지, 서기겸 회계에 홍승한이 선출되었다. 경상노회의 관할지역은 경상남북도이다 경남은 호주선교부였고 경북은 미북장로교 선교지역이었다.[112)]

다섯 번째로 조직된 노회는 1912년 1월 20일 창립된 함경노회이다. 함경노회는 원산 상리 상동예배당에서 회집되었다. 소집책 부두일(W. R. Foote) 목사의 사회로 임원을 선출하여 노회장에 이영제, 서기에 김종섭, 회계에 김훈석이 선출되었다.[113)]

여섯 번째로 조직된 노회는 1912년 1월 18일 창립된 남평안(평남)노회이다. 남평안노회는 주공삼 목사가 소집책이 되어 평양장로회신학교에서 회집되었다. 임원으로 노회장에 주공삼, 서기에 사병순, 회계에 박치록이 선출되었다.[114)] 일곱째로 조직된 노회는 1912년 2월 15일 조직된 북평안노회(평북)이다. 전대리회장 노세영 선교사를 소집책으로 하여 선천읍 교회당에서 회

---

111) 한국교회사학회편, 『조선예수교장로회 사기(하권)』, 143;『조선예수교장로회 독노회 제5회의록』(1911. 9. 17), 43;『조선예수교장로회 조선총회 제 1회 회의록』(1912, 9. 1), 45.

112) 한국교회사학회편, 『조선예수교장로회 사기(하권)』, 181.;『조선예수교장로회 독노회 제 5 회의록』(1911. 9. 17), 43;『조선예수교장로회 총회 제 1회 회의록』(1912, 9. 1), 53.

113) 한국교회사학회편, 『조선예수교장로회 사기(하권)』, 195;『조선예수교장로회 독노회 제 5 회의록』(1911. 9. 17), 43;『조선예수교장로회 총회 제 1회 회의록』(1912, 9. 1), 51.

114) 한국교회사학회편, 『조선예수교장로회 사기(하권)』, 115.

집되어 노회장에 휘트모어, 서기에 정기정, 회계에 김창석을 선출하였다.[115)]

제 1회 총회에서 각 노회가 파송한 총대는 전라노회 목사 10명, 장로 12명, 계 22명이었다. 경충노회 목사 11명, 장로 11명, 계 22명이었으며, 황해노회가 목사 8명, 장로 18명, 계 26명, 함경노회가 목사 9명, 장로 6명, 계 15명이었으며, 남평안노회가 목사 29명, 장로 54명, 계 83명이었으며 경상노회가 목사 12명, 장로 12명 계 24명, 북평안노회가 목사 12명이었으며 제 1회 총회에 참석한 총대는 선교사 44명, 조선목사 52명, 계 96명이었고, 장로는 125명 합하여 251명이 참석하였다.[116)] 이렇게 하여 7개 대리회가 노회로 조직되었다.

7개의 노회가 조직되고, 1912년 9월 조선예수교장로회 총회가 성립됨으로써 한국 장로교회는 조직교회로서의 완전한 면모를 갖추게 되었다. 1912년 9월 17일 대구시 남문 예배당에서 모인 독노회는 총회로 명의 변경하고, 7 대리회는 7 노회로 명의 변경하여 이후 각자 지역에서 노회를 설립하기로 결의하였다. 총회의 등장과 동시에 과거의 7개 대리회는 노회로 각각 승격되었던 것이다. 이에 따라 평안도에서는 평북(북평안) 노회와 평남(남평안)노회가 설립되었다.

3) 평북노회의 설립

평북노회는 1912년 2월 15일 선천읍 남예배당에서 창립되었다. 전 대리회장 노세영 선교사가 회중에 취지를 설명하고 노회를 창립하였다. 이 때 임원을 선정하여 노회장에 휘트모어 선교사, 서기에 정기정(鄭基定)목사, 그리고 회계에 김석창(金錫昌)목사가 선출되었다. 당시 회원은 선교사 5인, 목사 13

115) 한국교회사학회편, 『조선예수교장로회 사기(하권)』, 82;『조선예수교장로회 독노회 제 5 회의록』(1911. 9. 17), 43; 『조선예수교장로회 총회 제 1회 회의록』(1912, 9. 1), 48.

116) 황기식, "간도,만주 연해주 지역 한국장로교 노회형성사", 42.『조선예수교장로회 총회 제 1회 회의록』(1912. 9. 1), 1-4.;

인, 장로 11인이었다.[117] 이렇게 초대 노회장으로 휘트모어 선교사를 선출한 제 1회 평북노회는 다음과 같이 사항들을 결의하였다.

〈결의 의안〉

1. 각 노회 형편을 관찰키 위하여 시찰구역을 획정하니 선천, 산군(초산, 위원, 강계, 자성, 원창과 남만주 등지), 강변(삭주, 창성, 벽동 3군), 의성, 용천, 철산, 선천 동편(정주, 박천, 구성 3군)등 7 구역이더라.
2. 상비 정기 특별위원을 선정하여 회무를 분담하니 공천, 정치, 정사, 규칙, 재정, 전도, 총계, 주일공과, 고아원, 문답, 천서검사절차, 수권, 학무 시찰 등이었다.
3. 선교사 시무구역을 획정하니 의주 서변, 선천 북변에 위대모, 용천 철산에 노세영, 선천 남변에 윤산온(신성학교장 겸임), 곽산, 정주, 가산, 박천, 구성에 나부열, 의주 동변, 삭주, 창성, 벽동에 남행리, 강계수상 위원, 창원에 방혜법, 강계수하 자성과 남만주에 노해리이었다.
4. 신학 취교자 김진엽, 김용승, 김병례, 김창합, 계시환, 계리영, 장덕노, 윤희사, 박승호, 방효원, 안병조, 양준제, 한경희, 이기선, 함석규, 유여대, 신기초, 백봉수, 문세일, 고봉상, 김관일, 김승만, 한응수, 조상섭, 이준화, 박린도, 박신택, 김영훈, 허정, 김민철, 박용거, 안뢰이었다.
5. 조사는 박신택, 박린도, 김병농, 김건주, 유여대
6. 장로 안수자는 차연관교회 김인부, 박천읍교회 김진엽.
7. 전도사업으로는 백봉수를 창성에, 김진근을 서간도에, 김민철을 벽동에 파송하다.[118]

---

117) 한국교회사학회편, 『조선예수교장로회 사기(하)』, 82.

118) 한국교회사학회편, 『조선예수교장로회사기(하)』, 82-83;『평북노회록』, 67-68.

이 때에 결의한 내용 가운데 중요한 것은 평북노회는 곧바로 광활한 지역을 관리하기 위해 7개의 시찰로 나누고, 선교사들에게 각각 담당할 시무 지역을 획정하여 관리토록 한 것이었다. 그리하여 평북노회는 선천 시찰, 의성 시찰, 용천 시찰, 철산 시찰, 정주와 박천, 그리고 구성 등을 관할하는 선천 동편시찰, 삭주, 창성, 벽동 3군을 관할하는 강변시찰, 초산, 위원, 강계, 자성, 원창과 남만주 등지를 관할하는 산군 시찰로 나뉘어졌다. 그리고 노회의 지역을 관리할 선교사로 의주 서변, 선천 북변에 휘트모어, 용천 철산에 노세영, 선천 남변에 윤산온(신성학교장 겸임), 곽산, 정주, 가산, 박천, 구성에 나부열, 의주 동변, 삭주, 창성, 벽동에 남행리, 강계수상 위원, 창원에 방혜법, 강계수하 자성과 남만주에 노해리이었다. 그리고 전도사업으로는 백봉수를 창성에, 김진근을 서간도에, 김민철을 벽동에 파송하였다.

한편 초대 노회장을 역임한 휘트모어는 다시 제 4대 평북 노회장에 취임하였다. 1913년 8월 26일 양시(楊市)예배당에서 회집한 제 4회 평북노회는 선교사 4인, 목사 21인, 장로 21인 모여 휘트모어를 회장에, 백정진을 서기에 김석창을 회계로 선출하였다. 이 당시에 제 4회 평북노회는 다시 선교사들의 관리 지역을 구획을 의결하여 선천 북편, 의주 서편에 휘트모어, 용천, 철산, 선천 남편에 노세영, 곽산, 정주, 가산, 박천, 구성에 나부열, 의주 동편, 삭주, 창성, 벽동에 남행리, 강계읍 수하 자성, 서간도에 노해리, 강계읍 수상 위원, 창원에 함가륜 선교사를 분정하였다. 뿐만 아니라 전도사업을 국내의 선교 관할지역은 물론 만주일대까지 실시하여 원창에 조덕찬, 차신주, 장신희를, 서간도에 김진근을, 봉천에 김덕선을, 창성에 정승은을, 선천에 지영신을, 가산에 신기초를 파송하였다.[119]

---

119) 한국교회사학회편, 『조선예수교장로회사기(하)』, 84;『평북노회록』, 71-72.

4) 평북노회로부터 분립된 노회들

각 노회는 평양대부흥운동의 힘을 얻어 전국적으로 확산되어 폭발적인 부흥운동이 일어났다. 특히 "날 연보"(day-Preaching)를 실행하여 교회가 알차게 부흥되어 감으로 노회가 분립되어 나갔다. 그래서 지역별로 세분화 하자는 의견이 힘을 받아 노회는 조직을 재정비하여 분립하게 되었다.[120]

초기에 평북노회는 광대한 지역을 담당하고 있었기 때문에 점차 분립되어 갔다. 1916년 9월 7일 제 5회 총회가 평양장로회신학교에서 회집되어 경남노회와 산서노회가 분립청원한 안건이 허락되었다. 총회는 노회 분립안을 허락하면서 경상노회의 전통은 경북노회가 계승하고 경남노회는 8번째로 노회가 조직하였다. 이때 북평안노회의 분립 헌의안도 가결되어 북평안노회가 평북노회와 산서노회로 나뉘어지게 되었다. 총회 보고서는 다음과 같이 기록하고 있다. "그 지경은 초산과 벽동을 전하여 벽동 이남은 북평안노회라 가고 그 이북은 산서노회라 한다. 북평안노회의 지경은 의주, 용천, 선천, 천산, 정주, 영변, 구성, 창성, 삭주, 운산, 호천, 초산, 벽동, 태천, 박천 등이요. 산서노회 지역은 위원, 강계, 자성, 후창, 서간도림강, 집안, 회인, 통화, 류하, 흥경, 동편과 한경남도 장진 서편을 합하여 산서노회 구역"이라 칭한다. 북평안 노회 소집장은 양전백, 산서노회는 함가륜 선교사로 노회의 문무와 재산은 북평안노회가 계승하기로 계승하였다. 이렇게 산서노회가 조직되었다.[121] 평북노회에서 첫 번째 노회 분립이었다.

한편 평북노회에서 두 번째 노회 분립은 1918년 9월 총회에서 분립된 의산노회이다. 1918년 8월 19일 제 14회 평북노회가 안주읍 예배당에서 선교사 4인, 목사 37인, 장로 79인이 모여 회집되었다. 이 노회에서 노회원들은 의산노회를 분립안을 다음과 같이 결의하였다.

120) 황기식, "간도,만주 연해주 지역 한국장로교 노회형성사", 42-43.

121) 황기식, "간도,만주 연해주 지역 한국장로교 노회형성사", 43.

〈노회의안〉

1. 임원을 선정하니 회장에 윤산온, 서기 장덕노, 회계 계시항

8. 전도사업 : 서간도에 최봉섭, 봉천성에 김강선, 목릉현에 백봉수, 안주에 조덕찬, 관전 이경(원), 구성 신봉상, 구성 서편에 김윤백, 창성에 박봉철, 벽동에 박정흠을 파송전도하다.

9. 노회 분립 : 의주, 삭주, 창성, 벽동 4군이 합하여 노회 명의를 의산이라 하고 분립하기로 구하여 가납하고 총회에 청원하게 하다.[122]

평북노회가 의산노회의 분립안을 청원한 후, 조선예수교장로회 제 7회 총회가 1918년 8월 31일 오후 8시 평북 의주읍 예배당에서 회집되었다. 본 총회는 평북노회의 청원을 받아들여 의산노회 창립을 허락하였다. 평북노회 지역은 룡천, 철산, 선천, 정주, 박천, 구성 합계 6개 군과 압록강 북쪽 중국 안봉선 철도 서편과 길림현, 목능현으로 정하고 의산노회 지역은 신의주, 의주, 삭주, 창성, 벽동 합 5개 군과 중국 안봉선 철로 동쪽이며 안동현의 반과 봉황현 반, 관전현 전 지역과 봉천부(시) 전 지역으로 하였다. 평북노회는 윤산온 선교사를 소집장으로 하여 1919년 2월 내에 선천에서 회집하기로 하고 의산노회는 1918년 11월 27일에 의주읍 예배당에서 김창건 목사를 소집장으로 하였고, 재정은 평북노회가 5분지 3을 의산노회가 5분지 2로 분담하였다. 문부는 평북노회가 소유하였다.[123] 의산노회는 제 8회 총회보고(1919년 10월 4일)에서 "제 7회 총회(1918년 8월 31일)에서 노회 분립을 허락 받아 1918년 11월 28일에 의주읍 예배당에서 노회를 조직하여 사무를 보고 있다"라고 보고 하였다.[124] 한편, 평북노회로부터 세번째로 분립한 노회는 용산노회

122) 한국교회사학회편, 『조선예수교장로회사기(하)』, 90-91;『평북노회록』, 84-85.

123) 『대한예수교 장로회 총회 제 7회 회의록』, 1918. 3. 31. 28-29, 92; 황기식, "간도,만주 연해주 지역 한국장로교 노회형성사", 44.

124) 조선예수교장로회 제8회 회의록(1919. 10. 4), 103; 황기식, "산노,만수 연해주 지역 한국

이다. 1927년 제31회 평북노회는 용천군 지역을 노회로부터 분리시키기로 결의하고, 1929년 9월 서울 새문안교회에서 개최된 제18회 총회에 노회분립안을 청원하였다. 이에 총회는 노회분립을 허가함과 동시에 노회의 지경은 용천군으로 노회명칭은 용천노회로 하기로 하였다. 최종택 목사를 조직회장으로 하여 1929년 10월 17일 용천구 양하면 양시교회에서 노회를 조직하였다. 목사 13명. 장로 25명이 모인 제1회 노회는 임원을 선출하여 회장에 김건주 , 부회장에 최정태, 서기에 박영삼, 부서기에 이인적, 회계에 최문식 등을 선출하니 한국장로교 역사상 1군 1개 노회의 최초의 예가 되었다.[125)] 평북노회에서 네번째로 분립된 노회는 1934년 10월 16일 분립된 삼산노회이다. 삼산노회는 평북노회의 교세가 확장됨으로 벽동, 삭주, 창성군 등 3개 군을 중심으로 조직되었다. 조직회장으로는 램프(H.W.Lampe, 남행리) 선교사가 맡아 창성군 사창포교회에서 조직되었다. 당시 교세는 교회 36곳 교인수 6,775명이었다.[126)] 조선예수교장로회 총회의 결의로 평북노회로부터 마지막 다섯번째로 분립된 노회는 평동노회이다. 1939년 10월 24일 정주 서면교회에서 노회가 창립되어, 임원으로 회장에 김홍식, 부회장에 조시한, 서기에 위두찬, 부서기에 김창수, 회계에 이명룡, 부회계에 이병채가 선출되었다. 관할구역은 정주군, 박천군 전체와 구성의 영남지방으로 되어있다.[127)] 평북노회의 분립과정과 관할지역을 도표화하면, 〈표 1-1〉와 〈표 1-2〉과 같다.

장로교 노회형성사", 44.

125) 대한예수교장로회평북노회, 『대한예수교장로회평북노회 100년사』, (서울:기독교문사, 2014), 268-269.

126) 대한예수교장로회평북노회, 『대한예수교장로회평북노회 100년사』, (서울:기독교문사, 2014), 289.

127) 대한예수교장로회평북노회, 『대한예수교장로회평북노회 100년사』, (서울:기독교문사, 2014), 289.

〈표 1-1〉

평북노회(1912) ----- 산서노회(1916)

----------의산노회(1918)---------삼산노회(1934)

--------------------용천노회(1929)

-------------------------------------평동노회(1939)

〈표 1-2〉

노회명	관할지역
평북노회	구성, 철산, 선천
산서노회	초산, 위원, 강계, 자성, 후창
의산노회	신의주, 의주
용천노회	용천
삼산노회	삭주, 창성, 벽동
평동노회	정주, 박천군 전체와 구성의 영남지방 전부

5) 강계선교지부설립과 남만주 선교

(1) 강계선교지부의 설립

선천지부가 관할하는 평안북도 지역에서도 교세는 놀라운 속도로 급증하였다. 특히 선천읍은 인구의 반 이상이 기독교인이었다. 따라서 주일날은 애초부터 장이 서지 않으며, 장날이라도 주일날은 대부분의 상점이 문을 닫았다. 그 대신 거리는 예배드리러 가는 사람들로 가득 차 있었다고 한다.[128] 특히 의주인들은 자신들의 지역에 선교지부를 설치하기 위하여 10,000명의 교인이 서명한 청원서를 선교부에 제시하기도 하였다. 그 결과 의주에 외국인 거주지가 세워졌다. 이처럼 선천과 의주를 중심을 하는 평안북도 서남부지

128) 평북노회사편찬위원회, 『평북노회사』, 202.

강계선교지역(강계읍)

역의 교세는 막강하였다. 1929년 선천선교지부 관할 지역 인구 16명 가운데 1명이 기독교인으로서 이것은 전국에 설치된 선교지부 가운데 기독교인의 비율이 가장 높은 것에 해당된다.[129)]

평북지역의 교세가 급증함에 따라 1908년 강계에 새로운 선교지부가 세워졌다. 강계는 옛날부터 '강변 7읍'이라 불리는 평안북도 동북지역의 심장부에 위치하여 그곳의 정치, 경제, 문화의 중심지를 이루어 왔다.[130)] 그러나 워낙 산악으로 둘러싸인 고립된 지역이기 때문에 본격적인 선교가 어려웠음으로 선교 초기에는 주로 만주와 의주를 통해 복음이 전해지면서 선천 선교지부의 관리를 받아왔다. 그렇지만 선천으로부터의 거리가 너무 멀었기 때문에 평안북도 내륙지방의 선교를 위해 별도의 선교지부가 필요하게 되

---

129) Harry A. Rhodes., *History of the Korea Mission Presbyterian Church U. S. A, Volume I* (1884-1934), 최재건 역, 『미국 북장로교 한국선교회사』, 201

130) 웅진출판편집부, 『한국민족문화대백과사전』 1(서울:웅진출판, 1991), 381.

강계읍교회교인들

었던 것이다.[131]

휘트모어가 처음으로 강계지역을 방문한 것은 1901년 12월 이었다. 강계순회여행을 떠났던 렉 선교사가 그곳에서 천연두에 걸쳐 사경을 헤매자, 휘트모어는 의주에서 그가 죽기 몇 일전 강계로 왔다. 당시 렉은 지금의 산서노회 지역을 방문하였는데, 이 때 여행일기에서 초산군에 도착한 후 기독교인들의 상황을 다음과 같이 기록하였다.

> 강계읍에는 5명이 학습을 받았으며, 주일예배는 많은 남녀가 모인다. 평당에는 9명의 신자가 있는데, 그 중 3명이 학습을 받았고, 양변리에는 27명의 신자가 있는데, 14명이 학습을 받았고, 초산골에는 5명의 신자가 있는데, 3명이 학습을 받았고, 위원골에는 신실한 기독교인이 없고, 석포동에는 강력한 기

131) Harry A. Rhodes., *History of the Korea Mission Presbyterian Church U. S. A, Volume I* (1884-1934), 최재건 역, 『미국 북장로교 한국선교회사』, 320.

독교인 집단이 있어 아무런 빚도 지지 않고 예배당을 지었으며, 16명이 학습을 받았다.[132)]

선천선교지부의 1902년 보고서에 의하면, 평북지역의 전도회가 최봉석과 유상도를 조사로 임명하여 최봉석은 강계군, 위원군, 초산군, 구성군 지역에, 유상도는 강계 북쪽 대천군 인근의 창성군과 후창군을 맡아 전도하도록 했다. 휘트모어는 1902년 가을 43일 동안 강계지방을 여행하였다. 그는 강계읍에서 5일 동안 35명이 참석한 사경회를 열었다. 최초의 신자인 이학면에게 세례를 주었고, 13명에게 학습문답을 하였다. 선교지부는 차학연을 유급 조사로 일하게 하였다. 1903년에는 시릴 로스 목사가 강계를 방문하였고, 1904년 가을 로스와 샤록스가 함께 다시 강계를 방문하였다. 그들은 알렉산더 휴식처(Alexander Rest House)라 명명한 숙소를 매입하였다. 1904년 가을에 허버트 블레어(Herbert E. Blair) 선교사가 한국에 도착하여 선천에서 강계를 위해 일하도록 배정받았다. 블레어는 1909년 강계선교지부가 설립될 때까지 혼자 강계군을 비롯한 후창군과 창성군 등 북쪽지역을 담당하였다. 1907년과 1908년 사이 겨울에 블레어는 그의 형제 블레어(W. N. Blair)와 함께 강계에서 머물며 겨울 사경회를 개최했는데, 이 때 강계읍 교회는 교인 700명으로 크게 성장하였고, 그 일대지역에 2천명 이상의 신도들이 있었다.[133)]

선천선교지부는 1901년 보고서에서 '먼 북쪽 순회구역'에 21개의 집회소가 있고, 세례자가 24명, 학습교인이 130명, 교인이 모두 325명이라고 보고하면서, 강계는 1만 명의 인구를 가진 도시로 평안북도에서 의주 다음으로

132) Harry A. Rhodes., *History of the Korea Mission Presbyterian Church U. S. A, Volume I* (1884-1934), 최재건 역, 『미국 북장로교 한국선교회사』, 319.

133) Harry A. Rhodes., *History of the Korea Mission Presbyterian Church U. S. A, Volume I* (1884-1934), 최재건 역, 『미국 북장로교 한국선교회사』, 320.

로스(노세영), 호프맨(함가륜) 선교사

큰 곳으로 새로운 선교지부가 강계에 개설되어야 한다고 주장하였다.[134] 선교회는 1904년 초에 그 계획을 승인하고 200달러를 들여 강계에 숙소를 마련하였다. 그러나 강계선교지부 개설은 잠시 보류되어 오다가, 1908년 6월에야 강계 선교지부의 개설에 착수한다고 밝히고, 블레어 부부와 밀즈(Mills) 박사 부부를 선교기지 개설 작업의 책임자로 임명하였다. 로즈(Rhodes) 부부도 1908년 8월 연례모임에서 강계선교지부로 임명되었다. 1909년 봄에 한국인 강사순을 건축 책임자로 선교지부의 두 개의 건물이 완공되었다. 하나는 캘리포니아 헤이워드의 케이트 갬블(Kate Gambel) 여사가 자금을 제공하여 "케이블 갬블 오두막"이라 명명하였고, 또 다른 하나는 강계지역의 사역을 위해 처음 임명되어 순교한 렉 선교사를 기리기 위해 의사용 주택을 "렉 기념관"이라 명명하였다. 이듬해 1910년 기금을 희사한 사람들의 이름을 딴

134) Harry A. Rhodes., *History of the Korea Mission Presbyterian Church U. S. A, Volume I* (1884-1934), 최재건 역, 『미국 북장로교 한국선교회사』, 320.

알버트 킵(Albert)이라 명명한 주택과 케네디(Kennedy) 병원이 세워졌다.[135] 이로써 강계선교지부가 설립되었다.

(2) 중국 남만주 선교

남만주 지역에는 1898년 이성삼, 임덕현 외 수십인이 즙안현에 최초의 장로교회인 이양자(理楊子)교회를 설립하였다.[136] 1900년 의화단 사건으로 교회가 방화로 파괴되고 교인과 선교사들이 죽음을 당하자, 교인들이 산으로 피신하여 고통을 겪었다. 그러자 이듬해 선천에 있던 휘트모어 선교사와 안승원을 그 지역으로 파견하여 교인들을 위로하고 이성삼, 임득현을 집사로 세워 교회를 재건하니, 이것이 한국 교회 남만주선교의 효시였다.[137] 이 무렵 남만주에서 선교하던 스코틀랜드 장로교회 선교사들이 한국에서 선교하고 있던 미북장로회 선교부에 만주의 한인 선교를 맡아 달라는 요청을 해왔다. 이에 미북장로회 선교부는 만주지역선교를 위해 1900년에 평북전도회를 결성하고, 1901년에 주상도, 1903년에 김상년을 전도인으로 파송하였다.[138]

초기의 남만주선교는 선천 선교지부에서 주관하였으며, 1900년 선천에서 결성된 평북전도회가 재정을 지원하였다. 이어 평북노회 전도회는 1909년 한경희를 유하현, 통화현에 1910년에 김진근을 즙안현 회인현에, 황운기를 즙안현 임강현에 파송하였다.[139] 뿐만아니라 1912년 장로교 총회가 조직되

---

135) Harry A. Rhodes., *History of the Korea Mission Presbyterian Church U. S. A, Volume I*(1884-1934), 최재건 역, 『미국 북장로교 한국선교회사』, 321-322.

136) 현규환, 『한국인 이민사』(서울:흥사단출판사, 1976), 794-800;황기식, "간도,만주 연해주 지역 한국장로교 노회형성사", 45.

137) 차재명, 『조선예수교장로회사기(상)』, 55;황기식, "간도,만주 연해주 지역 한국장로교 노회형성사", 45.

138) 차재명, 『조선예수교장로회사기(상)』, 59; 황기식, "간도,만주 연해주 지역 한국장로교 노회형성사", 45.

139) 한국교회사학회편, 『조선예수교장로회사기 하편』(연세대학교출판부, 1968). 108-110;황기식, "간도,만주 연해주 지역 한국장로교 노회형성사", 45.

한경희 목사

고 평북노회가 설립된 후에도 평북지역 교회는 남북만주 지역에 계속하여 전도인을 파송하였다. 1914년에는 최봉석, 양성주를 1915년에는 차형준, 양전백을 1917년에는 최봉철을 1921년에는 홍태주를 파송했다.[140] 한편 미국 북장로회선교부는 스코틀랜드 자유교회선교부와 연합으로 1921년에 흥경에 선교기지를 개설하고 쿡(W. T. Cook, 한국명 국유치),[141] 솔타우(T.S. Soltau, 한국명 보이열),[142] 핸더슨(L.P. Henderson, 한국명 안대선)[143] 등을 상주시켜 한국인 선교를 지원하였다.[144]

만주지역에 교회가 늘어남에 따라 남만노회가 1921년 4월 21일에 조직되었다. 이미 1920년 10월 2일 경성 안동예배당에서 소집된 조선예수교장로회

140) 차재명, 『조선예수교장로회사기(상)』, 222-223.

141) 국유치 선교사는 남만노회 소집책임자였다. 남만노회는 1920년 10월 2일 제9회 총회에서 남만노회가 분립허락을 받았다.

142) 솔타우 선교사는 북장로교 선교사로 선천선교지부에서 활동하다 중국 흥경 선교부로 옮겨 선교하다가 청주선교지부에서 민노아 선교사와 함께 충청도 선교에 힘을 쏟았다. 안광국을 전도하여 자신의 조사로 함께 사역 중 평양장로회신학교로 보내어 목사가 되게 하였다.

143) 핸더슨 교사는 북장로교 선교사로 활동하여 선천과 중국 흥경선교부에서 활동하였다. 후에 경북 안동선교지부로 옮겨 청년면려회를 조직한 선교사이다.

144) Harry A. Rhodes., *History of the Korea Mission Presbyterian Church U. S. A, Volume I* (1884-1934), 374-378.;황기식, "간도,만주 연해주 지역 한국장로교 노회형성사", 46.

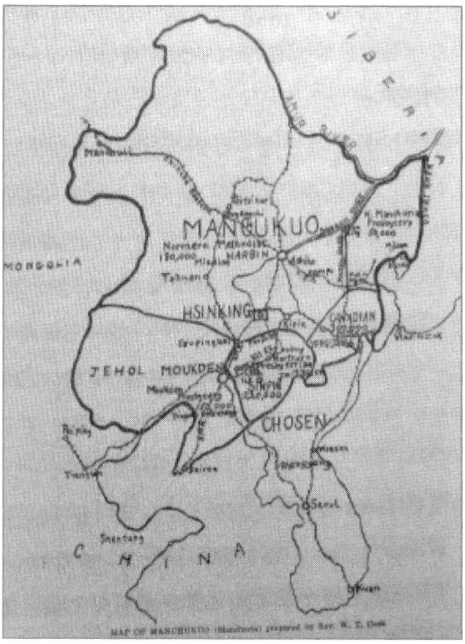

만주선교 지도(자료출저:강규찬과 평양산정현교회)

제 9회 총회(총회장 마포삼열)는 산서노회로부터 남만노회를 분립하기로 하였다. 산서노회와 남만노회의 경계구역은 압록강 이남과 이북으로 구역을 나누어 남만노회 구역은 집안현, 최인현, 통화현, 유하현, 해룡현, 후경현, 평현 등 7개현을 산서노회는 압록강 이남지역으로 정하였다. 산서노회의 소집장은 리형서 목사였고, 남만노회 소집장은 국유치 선교사였다. 문부는 산서노회가 보관하기로 결의하였다. 압록강 이북 지역을 맡은 남만노회는 한국장로교회의 첫 노회 조직이 되었고 해외에서 처음 있는 노회가 되었다.[145] 남만노회가 조직되면서 남만주지역에 대한 전도활동도 활성화되어 1922년 지산은(액목현), 장현도(화전현), 홍혜범(반석현), 박규현(관전현), 조옥현(동풍·서풍), 김홍현(액목현), 최봉석(길림), 임군석(홍경현) 등에 파송되었고, 1923년 김봉조(동풍), 정낙영(즙안현), 김덕해(반석현), 박정엽(양디소), 신기초(흥경), 박창

145) 『조선예수교장로회 총회 제 9회 회의록』(1919.9. 2), 1, 55. ;황기식, "간도,만주 연해주 지역 한국장로교 노회형성사", 46.

식(화전현) 등이 남만노회 전도부 파송을 받아 만주지역에서 활동하였다.[146]

그러나 이 지역의 교회는 눈에 띄는 성장을 보이지 못하였다. 이것은 우선 당시 만주지역의 반기독교적 사회분위기에서 그 원인을 찾을 수 있다. 러시아 혁명의 여파로 일기 시작한 사회주의 공산주의 세력의 반종교운동, 만주를 근거로 삼고 있는 마적단의 습격, 거기에 3.1운동 이후 더욱 심해진 일제의 감시와 탄압이 복합적으로 작용하여 교회 발전을 저해하였던 것이다.

이러한 상황에서도 남만노회를 중심으로 한 만주지역의 교회는 꾸준히 성장하여 1932년에 북만노회, 1935년에 봉천노회, 1937년에 영구노회가 각각 분립되었다. 한편 1921년에 설립된 간도노회(동만노회)는 캐나다 장로교 선교부가 담당하였다. 캐나다 장로교선교부는 북간도 지역에 선교하기 위해 1902년 성진에서 활동하던 그리어슨 선교사와 한국인 홍순국을 파송하였다. 그러나 기독교인을 만나지 못하고 돌아오자 다시 안순영을 보내 전도케 하였다. 그리하여 북간도 지역에 교회들이 세워졌는데, 1906년 양무정자교회, 광제암교회, 1908년 모아산교회, 명동교회, 호천포교회 외 15개 정도의 교회가 세워졌다. 1921년 9월 1일 평양 장대현 교회에서 모인 조선예수교장로회 제 10회 총회(총회장 이기풍)는 함북노회와 함남노회가 청원한 노회 분립안을 허락하여 노회 명칭을 간도노회라 하였다. 박례현 목사를 소집장으로 모인 간도노회는 용정 지역을 관할지역으로 정하였다. 이것이 중국에 두 번째로 세워진 노회였다. 간도노회는 1925년 동만노회로 노회 명칭을 바꾸었다.[147] 한편 조선예수교장로회 제 20회 총회(총회장 장규명 목사)는 1931년 9월 11일 금강산 수양관에서 회집하여 남만노회를 분립하기로 결의하였다. 이 때 남만노회에서 분립된 노회의 명칭은 북만노회라 하고, 노회지역은 길림, 이북만주, 중동선 이북과 모란강(목단강) 동편으로 12현으로 정하였다.

146) 차재명, 『조선예수교장로회사기(상)』, 390이하.

147) 황기식, "간도·만주연해주지역 한국장로교노회형성사", 46-47

동만노회(간도노회)

북만노회의 소집장은 평양장로회신학교 19기 김병열 목사(1926년 졸업)로서 길림성 목능현 팔면통 교회에서 첫 노회가 회집되었다. 당시 북만노회의 교세는 선교사 2명, 목사 9명, 장로 40명, 전도사 5명, 교회 46개, 당회 22개 교회였다. 1920년부터 1931년까지 11년 동안 중국 땅에서 선교한 결과 동만, 남만, 북만 3개 노회가 조직되었다.[148]

한편 의산노회에서 봉천노회가 분립되었다. 1935년 9월 6일부터 13일까지 평양 서문밖 교회에서 소집된 조선예수교장로회 제 24회 총회(총회장 정인과 목사)는 의산노회가 헌의한 봉천노회 분립안을 허락하였다. 분립된 노회의 명칭은 봉천노회라 하고, 노회 구역은 남만주 연선(남만주 철도)일내로 징하였다. 동쪽은 무순, 서쪽은 열하성, 북쪽은 천진까지이며 남쪽은 황성 이북으로 하고, 북쪽은 제제합(지지할)까지로 하였다. 총회의 결의가 있은 후 의산노회는 1935년 10월 22일 상오 10시 봉천 서탑 교회당에서 김창덕 목사를 소집장으로 노회를 개최하여 봉천노회를 분립하고, 문부와 재정은 의산노

148) 『조선예수교장로회 총회 제 20회 회의록』(1931.9.11.), 23;황기식, "간도,만주 연해주 지역 한국장로교 노회형성사", 48.

회가 맡겨 두기로 하였다.[149] 이 당시 봉천노회의 교세는 목사 8명, 목사후보생 1명, 준당회 12개 교회 예배당 25개 교회신축 중인 교회 2개 교회영수 45명, 남자전도사 3명, 여자전도사 2명, 전도인 남녀 2명, 성경 통신과 학생 26명, 교인은 3,345명이었다라고 기록하고 있다.[150]

일제의 태평양 전쟁이 시작되고 식민지 수탈정책이 극에 달하던 1940년대 들어와 만주지역에는 두 개의 노회가 더 설립되었다. 그 하나가 용천노회로부터 분립한 영구노회이다. 조선예수교장로회는 1940년 9월 6일 오후 8시 평양부 창동 예배당에서 제 29회 총회(총회장 곽진근 목사)를 회집하여 용천노회장 홍종섭 목사가 요남시찰(만주)구역을 "영구노회"로 분립하자는 청원을 허락하였다. 노회구역은 만주 봉천성, 해성현시 관동주 영구시, 금조성, 반산현 전 지역을 영구노회 지역이라 하였다.[151] 총회의 결의가 있고 김광현[152] 목사를 소집자로 영구노회가 회집하였다. 노회 회의록에 의하면, 재산은 사분지 일로 정하고 문부는 용천노회가 보관하기로 하였다. 영구노회의 교세는 목사 5명, 조직교회 9개 교회, 미조직교회 10개 교회 합계 19개 교회였고 세례교인은 750명이었다[153]

1935년 봉천노회를 분립한 의산노회는 1941년 다시 안동노회를 분립하였

---

149) 『조선예수교장로회 총회 제 24회 회의록』(1935.9.11), 53-54;황기식, "간도,만주 연해주 지역 한국장로교 노회형성사", 48.

150) 『조선예수교장로회 총회 제 25회 회의록』(1935.9.11-19), 166, 172;황기식, "간도,만주 연해주 지역 한국장로교 노회형성사", 49.

151) 『조선예수교장로회 총회 제 29회 회의록』(1940.10.3), 10, 36;황기식, "간도,만주 연해주 지역 한국장로교 노회형성사", 49.

152) 김광현 목사는 1927년 평신 20기로 졸업했다. 그는 합동 통합 분열시 총회 서기였다. 제 29회 총회가 1940년 9월 6일 평양 창동교회에서 소집되어 중국 영구노회를 소집할 때 책임자였다. 1943년 1월부터 1979년 12월 31일까지 경북 안동교회 제 7대 목사로 시무하였고 가슴에 손을 얹고 국기에 대항 경례를 기독교인 입장에서 이승만 대통령에 건의하여 손을 얹고 경례를 하게 되었다.

153) 『조선예수교장로회 총회 제 29회 회의록』(1940.10.3), 10, 36;황기식, "간도,만주 연해주 지역 한국장로교 노회형성사", 49.

다. 1941년 10월 21일에 평양 창동교회에서 회집된 제 30회 총회(총회장 최지화 목사)는 의산노회가 안동노회를 분립할 것을 청원하자 이를 허락하였다. 총회는 노회명칭을 조선예수교장로회 '안동노회'로 정하고, 노회구역은 만주안동(현 단둥)성 전 지역으로 하였다. 총회의 결의가 있자 권연호[154] 목사를 소집장으로 안동현제일교회에서 안동노회가 조직되었다. 당시 안동노회는 목사 6명, 교회 21개였다.[155] 또한 제 30회 총회는 봉천노회장 김성흥 목사가 청원한 화북노회 분립안을 허락하였다. 총회는 노회명칭을 '조선예수교장로회 화북노회'라고 명칭하고, 구역은 중국 전 지역을 하나의 노회 구역으로 조직하였다. 김두칠 목사가 소집장으로 화북노회의 조직회장을 맡았고, 1941년 12월 상순 북경교회(현 베이징 교회)에서 노회를 조직하였다. 당시 화북노회는 상해와 청도까지 포함시켜 목사 6명, 조직교회 4개 교회, 미조직교회 6개 교회, 합계 10개 교회였다.[156]

---

154) 권연호 목사(1898-1979) 경북 안동에서 출생하였다. 안동 권씨로 세도가 대단한 집안에서 태어나서 안동 한문사숙을 마친 후 1912년 상경 경성사범대학 단기과(1914년) 졸업하고 초등학교 교사로 재직하다 기독교로 귀의하여 안동교회에 출석하였다. 1916년 평양 숭실학교에 진학하였다. 1923년 평남 기양교회 전도사로 시무 평양장로회 신학교로 편입하여 1936년 졸업하였다. 평서노회에 안수를 받고 1937년 평북 철산교회에서 첫 목회를 하였다. 1940년 신의주 단동제일학교 시무 중 해방되고 월남하였다. 제 36회 총회(1950.4.21-25) 총회장으로 역임 하였으며 예장분열시 합동측으로 갔다. 1979년 미국에서 생을 마감했다.

155) 『조선예수교장로회 총회 제 29회 회의록』(1941.11.21.), 7.

156) 『조선예수교장로회 총회 제 30회 회의록』(1941.11.21), 7-8.

V. 휘트모어 선교사와 평북노회 산하 교회들

1. 선천(宣川) 시찰

(1) 선천읍 북교회(1897.8.27.): 1897년 고읍인 노효준과 조병규가 평양에 여행하다가 복음을 듣고 본동에 귀래하여 열신전도함으로 노국전, 노효몽, 노효진, 노효함, 노효유와 선천읍에 조규찬, 이윤조, 이근진, 이성근, 이창석, 황운기, 노창근, 김덕선 등이 전도를 받아 주를 믿으니 조규몽의 집에 회집함에 읍인들이 광인이라 지칭하고 사석을 난투하니 읍외 이두찬의 집에서 예배하다가 그 해 가을에 읍인 김극선이 자기 집에 모이기를 결허 함에 교인이 격증한지라. 선교사 배위량, 위대모가 와서 세례를 주고 직원을 선정하니 제1회 집사로 조병규, 조규찬, 박승림이더라. 1897년 12월 25일 성탄절에 연보하여 1898년 봄에 600량으로 명장동 집 세 칸을 매수하여 예배당으로 사용하였다. 1902년 양전백을 장로로 안수하고, 1907년 양전백이 목사 임직하였다.[157]

(2) 내동(內洞)교회(1901): 1901년 본동인 길종수가 소년으로 중병에 걸려 백약이 무효하더니 그 친척이 근면하게 믿게 하고 3일 만에 중병이 완쾌한지라. 전 가족과 그 친척이 동시에 믿기로 작정하고 길형천은 자기집 일동을 예배당으로 기부하고 길기하가 인도하더라.[158]

(3) 동림(東林)교회(1901): 1901년 김봉헌, 유정백, 한석조, 최기준, 장득곤이 본읍(本邑)에서 복음을 듣고, 귀가 전도하여 신자가 적지 않은지라. 선교사 위대모 조사 양전백이 순도(巡到)하여 교회를 설립하였다.[159]

---

157) 평북노회사 편찬위원회, 『평북노회사』, 162.

158) 평북노회사 편찬위원회, 『평북노회사』, 168.

159) 평북노회사 편찬위원회, 『평북노회사』, 169.

원동교회(자료출처 : 해방전 북한교회총람)

(4) 신미도(身彌島)교회(1904): 1904년 의주인 최응하가 본도(本島)에 내왕하여 전도함으로 신자를 얻고 자기 집에서 예배하더니 위대모, 양전백이 순도(巡到)하여 박영근, 이순언에게 맡겨 예배당을 건립하고 인도하게 하다.[160)]

(5) 보신(保新)교회(1905. 3. 7): 1905년 선천읍 교인 부인 김기반(金基盤)이 내도하여 열심히 전도함으로 김치원, 김치형, 김윤문, 오치숙, 이용덕이 신종하고 읍회(邑會)에 내왕 예배하더니 선교사 위대모, 조사 김창석이 내도하여 교회를 세우다.[161)]

(6) 원동(院洞)교회(1905): 1905년 철산(鐵山)인 유상노가 그 영 유상환의 집에 도래하여 전도함으로 정용세, 정용규, 이관협이 신종하고 읍내에 왕래하여 예배하더니 정용경이 기부한 전일은(田一般)과 연보로 예배당을 건축하다.[162)]

---

160) 평북노회사 편찬위원회, 『평북노회사』, 170.

161) 평북노회사 편찬위원회, 『평북노회사』, 170.

162) 평북노회사 편찬위원회, 『평북노회사』, 166.

(7) 갑암(甲岩)교회(1906. 3. 7): 보신동 부인 김시반이 복음을 전도하니 부인 박몽은, 계진호, 남자 김성섭, 오경갑이 동시에 주를 믿고 선천읍 교회에 내왕하여 예배를 드렸다. 신자 수가 점점 증가하여 신자가 60 명이 되었다. 박몽은의 집에서 회집하다가 예배당을 신축하더라.[163)]

(8) 백현(白峴)교회(1906): 동림교회 신자 김원부 부부가 이주하여 전도한 결과 강득풍, 노상회가 믿고 읍내에 왕래하여 예배하더니 신자가 60여명이 된지라 예배당을 신축하고 당시 조사는 김창석 씨이다.[164)]

(9) 고부(古府)교회(1906. 9. 14): 1906년 본동인 홍기수가 읍내로부터 복음을 득문하고 인근사람에게 전도하니 20여리 떨어진 곳에서 오는 신자가 60명이었다. 신자가 합력하여 예배당을 신축하니 당시 조사는 계리영이더라.[165)]

(10) 상곡(常谷)교회(1906.10.12.): 1907년 본동 부인 전신종이 교회로부터 복음을 듣고 인가에 전도하여 박규서, 정영서가 믿고 따라 매주일 25리 떨어진 읍교회에 왕래하며 예배하였다. 신자가 점점 많아짐에 협력 연보하여 예배당을 신축하고 교회를 분립하였다. 당시 조사는 박승호씨였다.[166)]

(11) 고읍(古邑)교회(1907): 1907년 본동인 노효준이 평양에 여행하여 복음을 듣고 고향에 귀래하여 가족과 인근사람에게 전도하니 노국전, 노효함, 최운기, 이동식 등이 최운기의 집에서 임시로 회집하다가 신자가 점점 증가함에 예배당을 건립하고 당시 조사는 한응수, 집사는 노효준, 최운기이다.[167)]

---

163) 차재명, 『조선예수교장로회사기(상권)』, 213; 평북노회사편찬위원회 『평북노회사』, 169.

164) 평북노회사 편찬위원회, 『평북노회사』, 166.

165) 차재명, 『조선예수교장로회사기(상권)』, 198; 평북노회사편찬위원회 『평북노회사』, 167-168.

166) 차재명, 『조선예수교장로회사기(상권)』, 199; 평북노회사편찬위원회 『평북노회사』, 167.

167) 차재명, 『조선예수교장로회사기(상권)』, 198; 평북노회사편찬위원회 『평북노회사』, 168

고읍교회(자료출처 : 해방전 북한교회총람)

(12) 용경(龍耕)교회(1907. 3.5): 1907년 3월 15일 의주 교인 최덕윤이 본동에 이주하여 전가정이 3십리 떨어진 곳에서 선천읍 교회에 왕래하며 예배하였다. 미구에 30여명이 된지라 교인이 합력하여 예배당을 신축하였다. 당시 조사는 최덕윤이었다.[168)]

(13) 은봉(殷蜂)교회(1909. 8. 13): 본동인 계익겸, 홍택인 복음을 먼저 믿고 인근 사람에게 전도하여 수년간 신자가 점점 증가함에 계익겸의 집에서 회집하다가 합심하여 연보하여 예배당을 신축하였다. 당시 선교사는 위대모, 조사는 박승호이다.[169)]

(14) 선천읍 남교회(1911. 8.28): 선선읍 교회 교인이 급격히 증가하여 한 예배당에서 수용키 어렵게 되자, 선천읍내를 횡유(橫流)하는 장천을 경계하여 천북(川北)은 북교회에 속하고, 천남(川南)은 남교회로 속하기 구역을 정하였다. 1911년 8월 28일 천남(川南)) 중구(中區)에 예배당을 건

168) 차재명, 『조선예수교장로회사기(상권)』, 198; 평북노회사편찬위원회 『평북노회사』, 167.

169) 차재명, 『조선예수교장로회사기(상권)』, 213; 평북노회사편찬위원회 『평북노회사』, 169.

립하고 교회를 분립하였다. 당시 목사는 김창석 씨요, 선교사는 위대모 씨요, 장로는 이봉조, 이창석, 주봉루, 홍성익, 장시유, 한준겸 씨였다.[170)]

(15) 농건(農建)교회(1911. 12.10): 1911년 농건동(신부면)에 사람인 김명철이 선천읍 교회로부터 복음을 듣고 인근 사람들에게 전도하니 남자 김성서, 김두회, 이내보, 이순언, 여자 계원신, 이선길 등이 주를 믿어 선천읍 북교회로부터 분립하여 예배당을 건립하였다. 당시 집사는 김명철, 이순언이다.[171)]

(16) 가물남(嘉物南)교회(1905년. 3. 15): 수청면 가물남동 소재로, 1905년부터 정용경, 박신원이 믿고 선천읍내에 내왕하여 예배하였다. 설립교인은 차중선, 이봉덕이다. 교인은 불과 수년에 남녀 신자가 많아져서 예배당을 신축하고 계리영을 장로로 장립하더라.[172)]

(17) 선천읍 중앙교회(1930. 7.7): 1930년 7월 북교회 목사 장규명 씨가 옥거리에 다 예배당을 설립할 것을 계획하고 본정통을 경계하고, 장천을 경계하여 구역을 정한지라 당시 옥거리는 주점이 많기로 유명한 곳이고 천지로 여기던 곳이었는데 이곳에다 반양제 2층, 건평 100여평 근대식 성전을 건립하다(공사비 60여원)[173)]

(18) 선천읍 동(東)교회(1931.8): 1931년 8월 남교회 부목사 김진수씨가 예배당을 분립을 계획하고 본정통을 경계하야 장천 이남을 구역하고 당시 일본인들이 많이 집결해 있던 부근에다 예배당을 건립하고 예배하다(공사비 60여원)[174)]

---

170) 차재명, 『조선예수교장로회사기(상권)』, 217; 평북노회사편찬위원회 『평북노회사』, 163.

171) 차재명, 『조선예수교장로회사기(상권)』, 217-218; 평북노회사편찬위원회 『평북노회사』, 165.

172) 차재명, 『조선예수교장로회사기(상권)』, 217; 평북노회사편찬위원회 『평북노회사』, 170.

173) 평북노회사 편찬위원회, 『평북노회사』, 164.

174) 평북노회사 편찬위원회, 『평북노회사』, 164.

당곡교회(자료출처 : 해방전 북한교회총람)

(19) 대목(大睦)교회(1914): 본동인 김경현과 처 허경신 부부와 김원호와 그 어머니 이 마리아가 복음을 독실히 믿고 따라 선천읍 북교회에 왕래하여 예배하더니 수년동안 인근 사람들이 믿고 따라 서경순, 임봉상, 홍일하, 신일서, 이봉규, 최학민 등이 주를 믿어 예배당을 건축하고 교회를 분립하였다. 당시 조사는 계시항 씨이다.[175]

(20) 진석(眞石)교회: 일찍이 본처인 김창석이 복음을 듣고 逢人傳道러니 말기에 70여 명의 신자를 얻어 예배당을 신축하고 교회를 설립하니라.[176]

(21) 장항(獐項)교회: 산면(山面) 소재로 일찍이 본처인 김재균, 김천섭, 이준벡, 이승문, 이의옥, 박정탁 등이 동시 귀노하여 이웃에게 전도함에 신자점흥하야 예배당을 신축하고 교회를 설립하니라.[177]

(22) 당곡(堂谷)교회(1907.10.12.): 심천면 소재로 여자 신도 전신종의 전도로

175) 차재명, 『조선예수교장로회사기(상권)』, 217; 평북노회사편찬위원회 『평북노회사』, 165.

176) 차재명, 『조선예수교장로회사기(상권)』, 210.

177) 차재명, 『조선예수교장로회사기(상권)』, 218.

박규명, 정영석이 교회를 설립하였다.[178]

(23) 승지교회(1915.2.22.): 당곡교회에서 전인상이 전도하여 이덕순, 이남현, 김신영 등이 교회를 설립하였다.[179]

(24) 갈현교회(1916.4.1.): 신부면 이성해 한일용 등이 전도하여 교회를 세우다.

(25) 문사(文泗)교회(1915.3.1.): 선천군 남면 소재하고 문경록 부부가 전도하여 이창호, 박준국, 박창직 등이 교회를 설립하다.[180]

이상의 25개 교회 이외에도 선천 시찰 내에는 고라사교회(1898.2.16.), 로하교회(1907.9.10.), 봉동교회(1909.2.5.), 인곡교회(1910.1), 효자교회(1914), 장송교회(1916), 월천교회(1918.4), 간동교회(1922.2.23.), 석화교회(1922. 4.11), 마산교회(1924.9.1.), 청강교회(1925.8.15.), 사교교회(1928.10.15.), 삼성교회, 목사대교회, 학현교회, 심천면의 월곡교회(1910), 태산면의 애현교회(1920), 문현교

월곡동교회(자료출처 : 해방전 북한교회총람)

178) 평북노회사 편찬위원회, 『평북노회사』, 186.

179) 차재명, 『조선예수교장로회사기(상권)』, 211.

180) 차재명, 『조선예수교장로회시기(상권)』, 195.

회, 일봉교회, 건산교회, 산동교회, 원봉교회, 하단교회, 입암교회 등 24개 교회들이 있었다.[181] 그러므로 〈조선예수교장로회사기(상)〉와 〈평북노회사〉의 통계에 의하면 총 49개의 교회들이 설립되었다. 이 두 기록에 의하면, 이들 교회 가운데 휘트모어 선교사가 직접 개척하거나 목회사역을 담당한 교회들은 선천읍 북교회(1897), 동림(東林)교회(1901), 신미도(身彌島)교회, 보신(保新)교회(1905.3.7.), 은봉(殷蜂)교회(1909.8.13.), 선천읍 남교회(1911. 8.28) 등 6개 교회이다. 그러나 선천지역의 대다수 교회들이 휘트모어의 순회전도와 설교, 세례를 통하여 성장하였다고 볼 수 있다.

2. 철산(鐵山) 시찰

(1) 학암(鶴岩)교회(1895. 11. 20): 1897년 당지인(當地人) 정기정이 복음을 듣고 믿고 싶은 마음이 발생하여 의주에 내왕하여 예배하고 김준건, 김관근을 방문하여 도리를 상문한 후에 귀가하여 이전에 숭상하던 술서를 불태우고 성경을 전심 연구하여 전도에 진력한 결과 유상순, 유상엽, 이현석, 이봉조, 정경학 등이 신종하여 정경학 집에 회집하더니 배위량, 위대모 선교사와 조사 양전백이 도래하여 교회를 설립하고 정기정을 제 1회 집사로 선정하였으며 정경학의 집을 매수하여 예배당으로 사용하니라.[182]

(2) 철산읍교회(1897. 1): 1897년 김경일이 의주에 여행하여 복음을 득문하고 귀가 전도하니 장대현, 장관선, 함찬몽, 변달성, 임득무가 동시에 주를 믿고 김일경의 집에 회집한지 수년에 주일이 위착(違錯)되고예배가 무법하더니 조사 양전백이 순회 내왕하여 신앙의 도리와 예배의 모범

181) 평북노회사 편찬위원회, 『평북노회사』, 171-174.

182) 평북노회사 편찬위원회, 『평북노회사』, 182.

원세평교회(자료출처 : 해방전 북한교회총람)

차련관교회(자료출처 : 해방전 북한교회총람)

을 지시하고 익년에 배위량, 위대모가 내도하여 교회를 설립하고 직원을 선정하니 제1회 집사는 장관선, 장대현이라. 미구에 동부동에 기와집 10여칸을 매수하여 예배당으로 사용하다.[183] 1905년 철산읍교회에서 장관선을 장로로 장립하여 당회를 조직하다. 1907년 명흥학교를 설립운영하였다.

(3) 원세평(元世平)교회(1898): 1898년 본동인 방원태씨가 선천에 여행하여 복음을 처음 듣고 열심히 전도함으로 방여곤과 그 친척 방여관, 방문관 방희곤, 방지봉이 계속 주를 믿고 자기 집에 회집하더니 선교사 위대모, 조사 양전백의 도래하여 교회를 설립하고 방원태가 인도하니라.[184]

(4) 가도(椵島)교회(1900): 1900년 읍내이 장관선의 전도로 이정현, 김의광, 김찬경, 정서형이 계속 주를 믿어 사경회때에 6백량을 연보하니 교우가 병립 연보하여 예배당을 신축하고 홍승한이 조사로 시무하더라.[185]

---

183) 평북노회사 편찬위원회, 『평북노회사』, 175.

184) 평북노회사 편찬위원회, 『평북노회사』, 180.

185) 평북노회사 편찬위원회, 『평북노회사』, 178.

영동교회(자료출처 : 해방전 북한교회총람)

(5) 월안(月安)교회(1901, 혹은 1898): 1901년 본동인 정봉엽이 부랑한 고로 그 형이 권면하여 주를 믿게 하고 강암(江岩)교회에 왕래 하더니 그 후 교인이 증가하여 예배당을 신축하였다.[186] 1905년 월안교회에서 정기정을 장로로 장립하여 당회를 조직하다.

(6) 차연관(車輦館)교회(1904. 1. 30): 정기정, 방위량, 양전백이 전도하여, 1905년 한석조, 정석기, 최응선, 김신각 이 복음을 듣고 월안과 동림으로 다니면서 예배라더니 신자가 증가함으로 예배당을 매수하였다.[187] 1912년 김인부를 장로로 장립하여 당회를 조직하였고, 성진학원을 운영하였다.

(7) 영동(嶺洞)교회(1905. 3. 15): 백량면 수재로 1905년 김성수, 김민칠, 송산홍이 읍내 신자에게 복음을 듣고 열심 전도하더니 신자가 증가함에 예배당을 신축하였다. 제 1회 장로는 홍승한이더라.[188] 1907년 영동교회에서 홍승한을 장로로 장립하여 당회를 조직하였고, 광동학교를 설립

186) 평북노회사 편찬위원회, 『평북노회사』, 181.

187) 평북노회사 편찬위원회, 『평북노회사』, 181.

188) 차재명, 『조선예수교장로회사기(상권)』, 210; 평북노회사 편찬위원회, 『평북노회시』, 178.

운영하였다.

(8) 선사(宣沙)교회(1905): 1905년 학암교회 교인 정해용이 본리에 도래하여 전도한 결과 이윤식, 이창영, 박찬세, 신명국이 믿고 합심 연보하여 예배당을 신축하다.[189)]

(9) 동문교회(1906): 백량면 소재로 1906년 김성수, 김영열, 송찬옥이 복음을 듣고 철산읍 교회에 내왕하여 예배하더니 교인이 점차 증가함에 예배당을 신축하고 함찬원, 송찬옥이 인도하다.[190)]

(10) 풍산(豊山)교회(1907): 1907년 본동인 김민철, 박기환이 동시에 주를 믿고 협심 전도하여 신자가 증가하며 교인 김민호는 기지를 기부하고 교우는 연보하여 예배당을 신축하니 김민철이 인도하다.[191)]

(11) 연수(蓮水)교회(1907): 1907년 본동인 안승원, 기석창, 홍석윤, 김의전, 손의전이 동시에 주를 믿고 읍교회에서 예배하더니 인근에 전도하여 신자가 점가함에 협력 연보하여 교회당을 신축하니 당시 조사는 홍승한이라.[192)]

(12) 화탄(化炭)교회(1907): 1907년 문상인, 문병수 등이 동시에 주를 믿고 학암교회에 매주일 왕래하여 예배하더니 그 후 김지연, 김취옥, 엄리선, 경응천이 계속 주를 믿어 신자가 증가하였다. 협력 연보하여 예배당을 신축하고 교회를 분립하였다. 당시 조사는 정기정이라.[193)]

(13) 풍천(豊川)교회(1907): 백량면 소재로 김민철, 박기환이 교회를 창립하고 김민호가 교회대지를 헌납하고 교우들이 열심히 연보하여 교회당

---

189) 평북노회사 편찬위원회, 『평북노회사』, 183.

190) 평북노회사 편찬위원회, 『평북노회사』, 177.

191) 차재명, 『조선예수교장로회사기(상권)』, 199-200; 평북노회사 편찬위원회, 『평북노회사』, 178.

192) 평북노회사 편찬위원회, 『평북노회사』, 179.

193) 차재명, 『조선예수교장로회사기(상권)』, 199; 평북노회사 편찬위원회, 『평북노회사』, 182-183.

용모교회(자료출처 : 해방전 북한교회총람)

을 신축하다.[194)]

(14) 수부(壽富)교회(1909. 3. 15): 1909년 본동인 이종석이 동민의 박해를 받으면서 누차 축출을 당하되 신앙이 돈독하여 전도를 항상하고 힘쓰며 매주일 왕래 예배하더니 이일성, 이상백, 이윤묵, 백의전이 계속 주를 믿어 신자가 증가하므로 예배당을 건축하고 교회를 분립하다.[195)]

(15) 용모(龍帽)교회(1909.4.2.): 철산면 소재로 철산읍교회에서 분립하여 최종환, 이형태 등 교인들이 설립하였다. 1921년 정승업이 장로로 장립되어 당회를 조직하였고, 유신초등학교와 유치원을 운영하였다.[196)]

(16) 용산(龍山)교회(1922.2.): 참면 소재로 정기정이 전도하여 세웠다. 1926년 곽효성이 장로 장립을 받아 당회를 조직하였다.[197)]

(17) 보산(保山)교회: 본동인 박찬서, 신국명, 김문식이 동시에 주를 믿고 영

194) 대한예수교장로회총회, 『해방전 북한교회총람』, 251.

195) 차재명, 『조선예수교장로회사기(상권)』, 205; 평북노회사 편찬위원회, 『평북노회사』, 177.

196) 대한예수교장로회총회, 『해방전 북한교회총람』, 227.

197) 대한예수교장로회총회, 『해방전 북한교회총람』, 227.

용산교회(자료출처 : 해방전 북한교회총람)

동(嶺洞)교회에 내왕 예배하며 인근 리애 전도하니 김정수, 임재순이 동시에 신종하고 미구에 교인이 30명에 달하므로 예배당을 신축하고 예배를 보다. 당시 조사는 홍승한이라.[198)]

(18) 수정(水晶)교회: 일찍이 본처인 강승원, 김석창, 홍석윤, 김의전, 손의풍 등이 동시에 주를 믿고 읍교회에서 매주일을 성수하였다. 인근의 사람들에게 전도하여 신자가 점차 많아짐에 따라 협력하여 연보하여 예배당을 신축하고 교회를 분립하였다. 당시 조사는 홍승한이었다.[199)]

(19) 장좌동(長佐洞)교회: 일찍이 본동인 정창학 부부가 처음 믿고 읍교회에서 예배하며 이웃 洞 사람들에게 전도하야 신자가 점점 늘어 자기 집에서 회집하다가 至是하야 예배당을 신축하고 교회를 분립하니 당시 목사는 장관선이러라.[200)]

198) 차재명, 『조선예수교장로회사기(상권)』, 210; 평북노회사 편찬위원회, 『평북노회사』, 178.

199) 차재명, 『조선예수교장로회사기(상권)』, 199.

200) 차재명, 『조선예수교장로회사기(상권)』, 213.

철산지역에는 이상 19개 교회 이외에도 용창교회(1909.4.2.), 신곡교회(1914, 3.15), 철산면의 동천교회(1920.10), 장평교회(1923.2.23.), 장좌교회(1929.3.20.), 선암교회(1933.8.15.), 육성교회(1933.1), 철산중앙교회(1936.2.23.), 등곶(登串)교회(1938.6), 송교교회, 여한면의 상석교회(1912), 신성교회, 가봉교회, 삼(○)교회, 운당교회, 등 15개 교회 총 34개의 교회들이 있었다. 〈조선예수교장로회사기(상)〉의 기록에 의하면, 휘트모어 선교사가 순회하여 개척한 교회들은 학암(鶴岩)교회(1895. 11. 20), 철산읍교회(1897. 1), 원세평(元世平)교회(1898) 등 3 개 교회이다.

3. 구성(龜城) 시찰

(1) 신시(新市)교회(1892. 1.14): 1895년 김이련과 그 차남 김관근이 마포삼열에게 복음을 듣고 부자가 동시에 주를 믿고 인근 사람들에게 전도하니 원용수, 장응벽, 김진근, 김병갑, 양전백 등이 신종하더라. 당시 예배할 처소가 없어서 회집하지 못하더니 김이련이 동민과 협의하여 학당을 창설하고 양전백을 교사로 초빙하고 주일에 학생과 신자가 동석해서 예배하더니 청일전쟁 때에 학당이 전소되니 장소가 없는 지라 양전백이 자기 가금대(家金代) 4백량과 이일성이 보조금 1백량으로 초가 6간을 매수하여 일부 수리하고 예배당으로 사용하니 당시 조사는 김한근이라.[201] 1914년 김덕신을 장로로 장립하여 당회를 조직하다. 1930년 신시유치원을 개설하다.

(2) 이현(梨峴)교회(1904): 1904년 초에 본처인 이성삼, 이경진 등이 선천읍교회에 다니며 예배하던 중 전도하여 한인필, 한인택 형제가 믿고 연보

---

201) 평북노회사 편찬위원회, 『평북노회사』, 183 184.

탑동교회(자료출처 : 해방전 북한교회총람)

하여 예배당을 신축하고 이성삼이 인도하더라.[202)]

(3) 남시(南市)교회(1904): 1904년 오의이 허선홍, 허윤홍, 최득정, 홍양천이 신교하고 사저에서 예배하여 전도하더니 신자 증가하여 예배당을 신축하니라.[203)]

(4) 구성읍내교회(1905): 1905년 김재준, 최득정이 믿고 전도하여 40여인의 신자를 얻으므로 교회가 성립되다.[204)]

(5) 길상(吉祥)교회(1905): 1905년 교회가 성립했고 본군은 광산이 많음으로 각처 신자가 다수 왕래하더니 최현보가 자기 집을 예배 처소로 제공하고 회집하기를 시작하여 교인 백여명이 생기므로 예배당을 신축하니라.[205)]

(6) 은봉(殷峰)교회(1907): 1907년 허정이 복음을 처음 듣고 인근에 전도하여

---

202) 평북노회사 편찬위원회, 『평북노회사』, 185.

203) 평북노회사 편찬위원회, 『평북노회사』, 186.

204) 평북노회사 편찬위원회, 『평북노회사』, 185.

205) 평북노회사 편찬위원회, 『평북노회사』, 185.

신자가 점차 증가함으로 신시(新市) 교회에 왕래 예배하더니 수년 후에 교우가 증가됨으로 교회당을 신축하여 교회를 분립하였다.[206)]

(7) 대우동(大牛洞)교회(1907): 1907년 김봉원, 김병규 부자가 복음을 듣고 인근 사람들에게 전도하며 신시 교회에 왕래 예배하더니 교세가 확장되어 예배당을 신축하여 교회를 분립하였다.[207)]

(8) 어궁(禦宮)교회(1909): 1909년 원형중 가족이 주를 믿고 인근 리에 전도하여 신자가 많이 모이므로 예배당을 신축하여 교회를 분립하였다.[208)]

이상의 8개의 교회 이외에 천마면의 탑동교회(1916.3.5.), 사기면의 구암교회(1920.3.15.), 조악동교회(1925.4.20.), 관동교회(1931), 등 4개가 있었다. 총 12개의 교회가 구성시찰 소속이었다. 이 지역교회와 관련된 휘트모어 기록은 존재하지 않는다. 그러나 구성군에서 가장 먼저 설립된 것으로 알려진 신시(新市)교회는 〈조선예수교장로회사기(상)〉에 의하면 1895년 마포삼열이 김이련과 그의 아들 김관근에게 복음을 전도하여 교회를 설립하였다. 그리고 훗날 휘트모의 조사가 되는 양전백이 이들의 전도에 의해 처음으로 신앙을 받아들인 것으로 기록하고 있다.

---

206) 차재명, 『조선예수교장로회사기(상권)』, 202; 평북노회사 편찬위원회, 『평북노회사』, 186.
207) 『조선예수교장로회사기(상권)』, 202; 평북노회사 편찬위원회, 『평북노회사』, 186.
208) 『조선예수교장로회사기(상권)』, 210; 평북노회사 편찬위원회, 『평북노회사』, 186.

Ⅵ. 휘트모어와 평북지역 소속의 노회와 교회들

1907년 독노회 설립시 평북대리회로 시작한 평북노회는 선천선교지부를 중심으로 초기에 광대한 지역을 맡아 선교활동을 하다, 1916년 산서노회를 분립하였고, 1918년 의산노회, 1929년 용천노회를 분립하였다. 이 밖에도 의산노회에서 1934년 삼산노회가 분립하였다. 이들 각 노회들은 초기에 선천선교지부의 관할이었으나 강계선교지부가 생기면서 산서노회지역을 관할하게 되었습니다. 선천에 선교지부가 설립되기 이전부터 한국인들에 의해 그리고 선교사들에 의해 설립된 평북지역의 교회들을 노회별로 살펴보면 다음과 같다.[209)]

1. 산서(山西)노회의 산하 교회들

산서노회 임원(회장 김렴(상), 서기 이무림(우), 회계 한봉민(좌))(1929년)
(자료출처 : 해방전 한국교회총람)

209) 이 기록은 〈조선예수교장로회 사기〉와 〈평북노회사〉, 〈해방 후 북한교회총람〉에 나타난 교회들로 교회설립연도에 있어서 약간의 차이가 있음을 밝힌다.

1909년 강계선교지부가 설립되어 강계군, 자성군, 초산군, 후창군 등 먼 북쪽 지역을 관할하게 되자, 총회는 1917년 3월 17일 강계선교지부의 순회 구역을 평북노회에서 분립하여 산서노회로 독립시켰다. 이들 각 군 지역에 1930년대 말까지 설립된 교회들의 명단과 설립배경에 대한 기록을 〈조선예수교회장로회사기(상)〉, 〈평북노회사〉, 〈해방전 북한교회 총람〉에 근거하여 정리하면 다음과 같다.

1) 강계군(江界郡)

〈조선예수교장로회사기(상)〉와 〈해방전 북한교회총람〉에 설립년도가 기록된 강계군의 교회들은 다음과 같다.

(1) 강계읍(江界邑)교회(1898): 강계읍 동부면 소재로 1898년 김윤봉, 김관근이 전도하여 이학면, 김태희, 김관홍, 이자화 등이 1900년 10월 10일 창립하였다. 초대 교역자로 선교사 로버츠(S.L. Roberts, 함가륜), 양전백, 강제근이 수고하였다. 1904년 명신학교, 1907년 영실중학교를 운영하였

강계읍교회(자료출처 : 해방전 북한교히총람)

고, 1909년 강계선교회를 조직하고 겨레지병원을 운영하였다. 남장대에 새 성전을 건축하고 남장대(南章坮)교회 라고 부르다. 차학연이 장로로 되었으나 이탈하여 자유교회를 만들었다. 선교사 로즈와 블레어 선교사가 사역하였으며, 한국인으로는 김진근, 김대건, 함석용, 김연 최봉석 목사가 교역하였다.[210] 강계군읍교회에서 차학연을 장로로 장립하야 당회를 조직하다.[211]

(2) 강계북(江界北)교회(1917): 강계읍 서부동 소재로 1917년 강계읍교회에서 분립하였다.

(3) 입석(立石)교회(1909.4.1.): 입관면(立舘面) 소재로 先是에 본처인 강일선, 이봉도 양인의 전도로 洞里信者漸興이라 於是에 교회로 설립이러니 後來에 교회가 寢弱이러라[212]

(4) 고산진(高山鎭)교회(1913.12.6): 고산면 소재로 신영호, 김동준이 교회를 설립하였다. 고산진(高山鎭)교회에서 예배당을 신축하니라.[213]

(5) 별하교회(1919): 성간면 소재로 이만기, 김형원이 교회를 설립하였다.[214]

한편 1927년 차재명이 편찬한 〈조선예수교장로회사기(상)〉에는 기록되어 있으나 설립연도가 기록되지 않은 교회들은 다음과 같다.

(1) 흥주동(興州洞)교회: 일찍이 본처인 주명우, 이호근 양인이 복음을 듣고 인근 사람들에게 전도하여 신자가 점차 일어남에 처음에는 사실(私室)에서 회집하더니 후에 연보하여 예배당을 신축하고 교회를 분립하

---

210) 대한예수교장로회총회, 『해방전 북한교회총람』, 175-176.

211) 차재명, 『조선예수교장로회사기(상권)』, 215.

212) 차재명, 『조선예수교장로회사기(상권)』, 221.

213) 차재명, 『조선예수교장로회사기(상권)』, 212.

214) 대한예수교장로회 총회, 『해방전 북한교회총람』, 197.

니라.[215]

(2) 동사동(東沙洞)교회: 先是에 본처인 위원석, 박영식 양인이 始信하고 이웃에게 전도하야 신자 漸興이라 至是하야 본교우의 연보와 읍교회의 보조로 예배당을 신축하고 교회를 설립하니라.[216]

(3) 외귀진(外貴鎭)교회: 일찍이 본처인 김호순이 복음을 처음으로 믿고 이웃에게 作證함으로 신자 漸興하야 草室 오칸을 신축하야 예배당으로 사용하고 교회를 설립이러니 그 후에 김호순을 장로로 장립하야 당회를 조직하니라.[217]

(4) 안저동(安渚洞)교회: 협서면 소재로 일찍이 본처인 주문언이 복음을 듣고 이웃에게 전도하야 신자 점진함에 교회를 설립이러니 그 후에 주하룡을 장로로 장립하야 당회를 조직하니라.[218]

(5) 흥판동(興判洞)교회: 일찍이 본처인 전병헌이 복음을 처음 믿고 이웃에게 廣布하야 신자 漸多함에 예배당을 신축하고 교회를 설립이러니 그 후에 전찬석을 장로로 장립하야 당회를 조직하니라.[219]

(6) 공인동(公仁洞)교회: 송북면(公北面) 소재로 일찍이 본처인 김운기가 복음을 깊게 믿고 이웃에게 廣布함에 김상정, 김창술 등이 相繼信主하여 교회를 설립이러니 그 후에 예배당을 신축하니라.[220]

(7) 한전(閑田)교회: 종남면(縱南面) 소재로 先是에 본처인 윤석주의 전도로 동내의 신자 漸起라 於是에 교회를 설립이러니 後來에 교회가 尤興하야 예배당으로 신축하니라.[221]

---

215) 차재명, 『조선예수교장로회사기(상권)』, 208.

216) 차재명, 『조선예수교장로회사기(상권)』, 212.

217) 차재명, 『조선예수교장로회사기(상권)』, 215.

218) 차재명, 『조선예수교장로회사기(상권)』, 215.

219) 차재명, 『조선예수교장로회사기(상권)』, 215.

220) 차재명, 『조선예수교장로회사기(상권)』, 216.

221) 차재명, 『조선예수교장로회사기(상권)』, 221.

이 밖에 교회에 관한 기록은 없으나 설립년도가 〈평북노회사〉에 언급된 교회들은 다음과 같다. 강계읍의 주방(柱芳)교회(1934.4.15.), 이서면(吏西面)의 안도동(安道洞)교회(1902), 함부동(咸富洞)교회(1925.10.8), 도포진동산(徒浦鎭東山)교회, 등공리(登公里)교회, 공북면(公北面)의 마설해(馬雪海)교회(1910), 외귀면(外貴面)의 건하리(乾下里)교회(1916), 이남제일(吏南第一)교회, 이남제이(吏南第二)교회(1935.9), 흥판동(興判洞)교회, 전천면(前川面)의 전천(前川)교회(1917. 10.5). 고당동의 고당(古堂)교회(1918.3.5.), 곡하면(曲河面)의 마전(麻田)교회(1921.10.22.), 하남동(下南洞)교회, ○각(○各)교회, 문옥면(文玉面)의 삼강(三江)교회(1923.3.4), 만포(滿浦)교회, 문악동(文岳洞)교회, 연포(煙浦)교회, 입관면(立館面)의 균파(鈞坡)교회(1926.1.9), 금동(琴洞)교회, 종남면(從南面)의 승삼(承三)교회(1921.1.1), 서소평(西小坪)교회(1921.7.11), 원평동(院坪洞)교회(1927.12.20), 성장동(城章洞)교회, 내평(內坪)교회, 종서동(從西洞)의 구창평(舊創坪)교회, 황청동(黃清洞)교회, 평북면(平北面)의 창평(倉坪)교회(1928.11.20), 고산면(高山面)의 입석(立石)교회, 남상(南上)교회, 연상동(延上洞)교회, 분토(盆土)교회, 미타(美他)교회, 성간면(城干面)의 상성간(上城干)교회(1936.9.10), 중성간(仲城干)교회, 내동(內洞)교회, 시중면(時中面)의 시천장(時川場)교회(1933), 노남동(魯南洞)교회, 송북면(公北面)의 인가해(仁可海)교회, 갈곡(葛谷)교회, 창목(倉目)교회, 광대점(廣大占)교회, 어유면(漁유面)의 천성동(天城洞)교회, 풍용동(豊龍洞)교회, 황기동(黃機洞)교회, 축명동(逐明洞)교회, 거문산(巨文山)교회, 화경면(化京面)의 신창(新倉)교회, 이만(梨滿)교회, 용림면(龍林面)의 원지동(原地洞)교회, 평남진(平南鎭)교회, 남흥(南興)교회 등 총 43개 교회가 있었다.

이상의 교회들을 모두 합치면 강계군에는 총 55개의 교회가 있었다. 이것은 강계군이 선천군보다 개교회의 숫자에 있어서 5개가 더 많음을 보여주며, 이는 1911년 강계선교지부가 분립되어 강계지역에 대한 선교를 집중적으로 했음을 보여주는 증거라 할 수 있다.

2) 자성군(慈城郡)

〈조선예수교장로회사기(상)〉와 〈해방전 북한교회총람〉에 설립년도가 기록된 교회들은 다음과 같다.

(1) 중강제일(第一)교회(중강진교회)(1903.4.1): 변경준, 최응호, 박봉수, 조승근 등이 교회를 설립하여 1915년 강제선이 장로로 장립을 받아 당회를 조직하였다.

(2) 자성읍(邑)교회(1908.1.24): 일찍이 지방조사 차형준이 읍내에 每到하야 全力 傳道러니 신자 漸興함에 於是에 예배당을 신축하고 교회를 설립하니라.[222]

(3) 자성동(慈城洞)교회(1908.4.20): 일찍이 본처인 이종희, 김신극 양인이 처음 믿고 이웃에게 전도하여 신자가 점차 일어남으로 처음에는 사저에서 회집하더니 후에 연보하여 예배당을 신축하고 교회를 설립하니라.[223]

(4) 장성동(長城洞)교회(1908.4.20.): 장토면(長土面) 소재로 일찍이 본처인 안병송, 강문봉 양인이 동시 귀주하야 열심 전도함에 동민이 隨感하야 신자 漸多라 於是에 교회를 설립이러니 그 후에 예배당을 신축하니라.[224]

(5) 토성(土城)교회(1920.7.1.): 장토면(長土面) 소재로 先是에 본처인 조선주, 박응주 양인이 동시에 주를 믿어 專務 전도함으로 신자가 日興이라 於是에 교회를 설립이러니 그 후에 예배당을 신축하니라.[225]

한편 1927년 차재명이 편찬한 〈조선예수교장로회사기(상)〉에는 기록되어

222) 차재명, 『조선예수교장로회사기(상권)』, 212.

223) 차재명, 『조선예수교장로회사기(상권)』, 208.

224) 차재명, 『조선예수교장로회사기(상권)』, 216.

225) 차재명, 『조선예수교장로회사기(상권)』, 216.

있으나 설립연도가 기록되지 않은 교회들은 다음과 같다.

(1) 상서평(上西坪:三興面)교회: 교인 백윤세, 김세현 양인의 전도로 인근 사람들이 감동하여 신자가 점점 많아지니라. 교회를 수립하니 당시 선교사는 방혜법이러라.[226)]

(2) 하서평(下西坪:三興面)교회: 교인 고홍노, 백영기 양인의 전도로 인근 사람들이 감동하여 따라 신자가 점차 부흥하였다. 교회를 수립하니 당시 선교사는 방혜법이라.[227)]

(3) 무선동(務善洞)교회: 일찍이 지방조사 오현주가 是處에 전도하야 신자 점진하야 30여 명이 됨에 교회를 설립하니라.[228)]

(4) 상장동(上長洞)교회: 여연면(閭延面) 소재로 先是에 본처인 박장식의 전도로 동내의 信者漸興이라 於是에 교회를 설립하니 당시 선교사는 노해리러라.[229)]

이 밖에도 〈평북노회사〉에 교회명칭과 설립년도가 기록된 교회들을 보면 다음과 같다. 자성면(慈城面)의 대중동(大中洞)교회, 자하면(慈下面)의 송암(松岩)교회(1904), 법동(法洞)교회(1907.2.1), 연풍(延豊)교회, 상서해평(上西海坪)교회, 하서해평(下西海坪)교회, 중강면(中江面)의 중강제이(中江第二)교회(1918.9.10), 천상수덕(天上水德)교회(1920년대), 진평(陳枰)교회(1927.2.25), 건하(乾下)교회(1929.1.3), 서수리(西水리)교회(1933.2.15), 연풍리(連豊里)교회, 만풍하동(晩豊下洞)교회, 건포리(乾浦里)교회, 하장배(下長焙)교회, 상흥면의 조아동(照牙洞)교회(1923.1.15), 장토면(長土面)의 호상중동(湖上中洞)교회(1929.4.2), 산동(産洞)교회(1927.3.10), 삼풍면(三豊面)의 삼풍(三豊)교회(1911), ○봉(○峰)교회, 동곡(東谷)교회, 이평면

226) 차재명, 『조선예수교장로회사기(상권)』, 203.
227) 차재명, 『조선예수교장로회사기(상권)』, 203.
228) 차재명, 『조선예수교장로회사기(상권)』, 212.
229) 차재명, 『조선예수교장로회사기(상권)』, 221.

(梨坪면)의 찰송(察松)교회(1921.3.10), 이평(梨坪)교회 등 24개 교회이다. 이상을 합치면 총 33개의 교회이다. 이 지역은 1908년 블레어(방혜법) 선교사와 밀즈 선교사가, 1909년에는 로즈(노해리) 선교사가 임명되어 선교활동을 한 곳으로, 이 세명의 순회전도활동으로 교회가 번성해갔다.

3) 초산군(楚山郡)

〈조선예수교장로회사기(상)〉와 〈해방전 북한교회총람〉에 기록된 교회들은 다음과 같다.

(1) 초산읍(邑)교회((1901. 혹은 1907): 중국 만주의 로스 선교사로부터 전도를 받은 이승락이 전도하여 한인진, 원석호, 원석연, 김창훈 등이 교회를 창립하였다. 1910년 안승원을 장로로 장립하여 당회를 조직하니라.[230] 선교사는 함가륜(호프만)이다.[231]

(2) 구평(龜坪:南面)교회(1908.3.16): 남면 용산동 소재로 교인 이용빈, 김인도 양인이 전도로 인근 사람들이 감응하여 신자가 점차 많아졌다. 민가를 매수하여 회당으로 사용하고 교회를 설립하니 당시 조사는 안승원이러라.[232]

(3) 신도장(新島場)교회: 교인 최경위의 전도로 신자가 점차 많아져 처음에는 읍교회에 왕래하더니 신자가 열심히 연보하여 예배당 8칸을 신축하고 교회를 분립하니 당시 조사는 안승원이요 집사는 김용범이러라.[233]

이 밖에도 〈평북노회사〉에 기록된 교회들을 보면 다음과 같다. 초산면

230) 차재명, 『조선예수교장로회사기(상권)』, 215.

231) 대한예수교장로회총회, 『해방전 북한교회총람』, 248.

232) 차재명, 『조선예수교장로회사기(상권)』, 203.

233) 차재명, 『조선예수교장로회사기(상권)』, 203.

(楚山面)의 수점(水占)교회, 성서면(城西面)의 안찬(安贊)교회, 성내면(性內면)의 내연(內淵)교회, 금사곡(金沙谷)교회, 고면(古面)의 고장(古場)교회(1922.4.1), 남면(南面)의 구평(龜坪)교회(1907.3.16), 발은(發銀)교회(1935.2.1), 충상(忠上)교회(1937.7.1), 부평(富坪)교회, 원대리(元垈里)교회, 송면(松面)의 신창(申倉)교회, 양강(兩江)교회, 동면(東面)의 동장(東場)교회, 구룡(龜龍)교회, 조원면(조源面)의 운목동(标木洞)교회)(1919.8.9.), 풍면(豊面)의 평탑(坪塔)교회(1909), 판면(板面)의 판장(板場)교회, 강면(江面)의 강창(江倉)교회 등 18교회가 있었다. 이상의 모든 교회들을 합치면 초산군에는 총 21개의 교회가 존재하였다.

4) 위원군(渭原郡)

〈조선예수교장로회사기(상)〉와 〈해방전 북한교회총람〉에 설립년도가 기록된 교회들은 다음과 같다.

(1) 석포동(石蒲洞)교회(1899): 위송면 소재로 황봉규, 천년도가 교회를 설립하다. 교인이 협력연금하야 예배당을 신축하니 당시 선교사는 방혜법이요 영수는 황택용, 천년필, 정일신이러라.[234)]

(2) 위원읍(渭原邑)교회(1905.2.10.): 전도인 김정록이 교회를 설립하다. 융신학교를 설립 운영하였다. 선교사는 블레어와 호프만이다.

(3) 동장(東場) 교회(1906.3.1.): 봉산면(鳳山面) 소재로 교인 이혜연이 복음을 먼저 믿고 인근 리에 넓게 전파함으로 신자가 많아졌다. 이에 교회를 설립하니라.[235)]

(4) 한 장(漢場)교회: 숭정면(崇正面) 소재로 일찍이 본처인 이기락이 처음으로 믿고 이웃에게 전도하야 신자가 점진함에 교회를 설립하니 당시 선

---

234) 차재명, 『조선예수교장로회사기(상권)』, 220.

235) 차재명, 『조선예수교장로회사기(상권)』, 204.

위원읍교회(자료출처 : 해방전 북한교회총람)

교사는 방혜법이다.[236]

(5) 대야동(大野洞)교회: 화창면(和昌面)소재로 일찍이 본처인 이인징, 이의달, 이봉윤, 송수원 등이 相繼以信하여 전도에 전력하더니 말기에 신자漸多라 예배당을 신축하고 교회를 설립하니라.[237]

(6) 신흥동(新興洞)교회: 화창면(和昌面) 소재로 일찍이 본처인 김락호가 처음 믿기 시작하고 이웃에게 전도하야 信者漸興이라 於是에 교회를 설립하니 당시 선교사는 방혜법이다.[238]

이 밖에도 〈평북노회사〉에 기록된 교회들을 보면 다음과 같다. 위원면(渭原面)의 성내동(城內洞)교회, 오륜대(五倫臺)교회, 서포동(石浦洞)교회, 청송면(淸松面)의 동창(洞倉)교회, 피목동(被目洞)교회, 신풍동(新豊洞)교회, 화창면(和昌面)의 화창(和昌)교회, 내동(內洞)교회, 대덕면(大德面)의 어옥(漁谷)교회, 윤점(鑰店)교회 등 10개 교회개가 있었다. 위원군에는 총 16개의 교회가 있었는데, 〈조

236) 차재명, 『조선예수교장로회사기(상권)』, 212.

237) 차재명, 『조선예수교장로회사기(상권)』, 215.

238) 차재명, 『조선예수교장로회사기(상권)』, 215.

선예수교장로회 사기〉에 기록된 6개의 교회 가운데 3개의 교회가 블레어(방혜법)의 전도로 교회가 세워졌다.

한편, 〈평북노회사〉에 기록에 의하면, 원창군(原昌郡)에는 원창읍(原昌邑)의 원창읍(原昌邑)교회(1910.4.1.), 동신면(東新面)의 사지동(社芝洞)교회(1924. 2), 무창(茂昌)교회, 동흥면(東興面)의 나죽(羅竹)교회, 동흥동(東興洞)교회, 남사(南社)교회, 고읍(古邑)교회, 원창면(原昌面)의 공장(工章)교회(1916.3), 덕전(德田)교회, 칠평면(七坪面)의 중흥시(中興市)교회(1916.3), 대흥(大興)교회, 소북동(小北洞)교회, 남신면(南新面)의 하건포(下乾浦)교회, 동점(銅店)교회, 상동(上洞)교회 등 총 15개의 교회와 후창군에는 블레어 선교사가 순회 담당한 하건포(下乾浦)교회(1908)가 있었다.[239)]

5) 중국남만주(南滿洲)

〈조선예수교장로회사기(상)〉에 의하면 산서노회 산하에는 중국 남만주 지역의 한인교회들이 소속되어 있었다. 이들 교회들의 기록을 살펴보면 다음과 같다.

(1) 훌루루교회: 그 땅은 외지라. 我族의 散處者流離困苦함으로 在彼信者가 상호 矜惻하야 逢則傳道러니 믿고 따르는 사람이 점점 많아지니 전도목사 한경희가 누차순례하야 교회를 설립하니라.[240)]

(2) 신풍(新豊)교회: 일찍이 磊석분교회의 신도가 점차 많아져 신풍교인은 도보로 가기 어려운지라. 교회를 분립하니 당시 집사는 조대원, 장정

239) 차재명 『조선예수교장로회사기(상권)』, 208. 후창군 남서면 소재로 일찍이 본처인 백찬준, 오문경 양인이 믿기 시작하고 이웃에게 전도하여 신자가 점차 많아지매 예배당을 신축하고 교회를 설립하니 당시 선교사는 방혜법이러라.

240) 차재명, 『조선예수교장로회사기(상권)』, 204.

도러라.[241]

(3) 쌍류하(雙流河)교회: 일찍이 是處 교인이 자피강교회에서 다년간 예배러니 지시하야 신자가 愈增함에 교회를 분립하니라.[242]

(4) 왕청문(旺淸門)교회: 일찍이 磊석분교회 집사 장경현이 시처에 이주하야 동포의게 전도함에 신자점다라 어시에 교회를 설립하니라.[243]

(5) 요천수(繞川水)교회: 일찍이 교인 장대석, 이학엽, 이시화 등 3인이 當地에 이주하야 동포의게 열심 전도하니 신자가 漸多함으로 교회를 설립하니라.[244]

(6) 삼원포(三源捕)교회: 유하현(柳河縣) 소재로 是時에 邦人의 중국이주하난자 甚衆이라 안동식, 이윤옥, 이동녕, 김창무 등이 내지로부터 是處에 이주하야 동포의게 전도하야 매주일에 송덕규 私弟에서 회집하고 교회를 설립이러니 後來에 예배당을 신축하니라.[245]

(7) 하마허(河馬許)교회: 통화현 소재로 先是에 조봉경, 김문규, 임시화 등이 내지로부터 是處에 이주하야 동포의게 전도하야 신자를 多得함에 교회를 설립하얏난데 後來에 예배당을 신축하니라.[246]

(8) 김두○(金斗○)교회: 先是에 박응서, 오정준, 정낙수 등이 내지로부터 是處에 이주하야 동포의게 전도하야 신자를 多得함에 교회를 설립하얏난대 後來에 예배당을 신축하니라.[247]

(9) 삼밀(三密)교회: 통화현 소재로 先是에 한석규, 원병태, 신영근 등이 是處에 이주하야 동포의게 전도하야 교회를 설립하다 당시에 중국도직

241) 차재명, 『조선예수교장로회사기(상권)』, 208.
242) 차재명, 『조선예수교장로회사기(상권)』, 212.
243) 차재명, 『조선예수교장로회사기(상권)』, 216.
244) 차재명, 『조선예수교장로회사기(상권)』, 216.
245) 차재명, 『조선예수교장로회사기(상권)』, 221.
246) 차재명, 『조선예수교장로회사기(상권)』, 221-222.
247) 차재명, 『조선예수교장로회사기(상권)』, 222.

의 위험과 彼處官憲의 명령으로 남만주일대에 거주하난 邦人은 一竝中服을 착용하니라.[248]) 이 밖에 〈평북노회사〉에 기록된 만주 지역 교회들은 통화성(通化省) 안현의 황성(皇城)교회(1933), 집안현의 부유가(富有街)교회(1926.4), 집안현의 외분구(外盆溝)교회, 태평구(泰平溝)교회, 대운동(大枟洞)교회 등 총 14개가 존재하였다.

2. 의산(義山)노회 산하의 교회들

평북노회가 1918년 8월 19일 평북 안주읍 예배당에서 개최되어 의주, 삭주, 창성, 벽동 4개의 군을 의산노회로 칭하고 노회분립안을 총회에 건의하자, 1918년 11월 27일 평북 의주읍 예배당에서 열린 조선예수교장로회 제 7회 총회는 노회분립안을 허락하고, 신의주, 의주, 삭주, 창성, 벽동 합 5개군과 중국 안봉선 철로 동쪽이며 안동현의 반과 봉황현 반, 관전현 전 지역과 봉천부(시) 전 지역을 관할 지역으로 하였다. 선천선교지부는 일찍이 의주지역을 휘트모어 선교사의 담당순회지역으로 지정하고, 동의주 지역에는 김관근을, 서의주 지역에는 김창근을 조사로 임명하여 교회를 담당하도록 하였다. 그러므로 의산노회 산하의 대부분의 초기 교회들은 휘트모어가 예배와 세례를 베푼 순회대상 교회들이었다. 후에는 케인즈(계인서) 선교사가 이 지역을 담당하였다.

〈조선예수교장로회사기(상)〉와 최근 대한예수교장로회 총회에서 발행한 〈해방전 북한교회총람〉을 정리하면 1930년대 말까지 의주군에는 다음과 같은 교회들이 설립되었다.

(1) 의주읍서(西)교회(邑교회, 1883): 의주읍 소재로 평북최초의 지방교회로

248) 차재명, 『조선예수교장로회사기(상권)』, 222.

의주서교회(자료출처 : 해방전 북한교회총람)

백홍준 등 5.6명이 창설하였다. 교인으로 장유관, 김병원, 김병농 등이 있으며 교세의 증가로 1909년 의주동(東)교회를 분립하였다. 1910년 장유관을 장로로 장립하여 당회를 조직하였으며, 양실학교를 설립운영하였다. 교역자로 백홍준, 베어드가 수고하였다.[249)]

(2) 횡산(橫山)교회(1890.2.7)[250)]: 일찍이 본동인 이은하와 김씨(유홍근의 모) 양인이 믿기 시작하고 중단(中端)교회에 왕래예배하니 마침내 신도가 점차 많아지지라 협력하여 연보하여 큰 집 하나를 매수하여 예배당으로 사용하고 교회를 분립하였다.[251)]

(3) 용산(龍山)교회(1899.3.1): 일찍이 본동인 노석봉, 노세봉, 김학련, 최기윤, 최시주 등이 동시에 함께 믿어 남산(南山)교회에 왕래 예배하더니

---

249) 대한예수교장로회 총회, 『해방전 북한교회총람』, 237.

250) 『평북노회사』에는 1890년 2월 7일로 기록되어 있으나 1907년 7월 15일 설립된 중단교회에서 분립하였다는 『조선예수교장로회사기(상권)』의 기록으로 보아 신빙성이 떨어진다.

251) 차재명, 『조선예수교장로회사기(상권)』, 201.

용산교회(자료출처 : 해방전 북한교회총람)

교인이 점차 많아지고 거리가 멀어 분립하기로 의견을 정하고 김학련과 모든 교우들이 협조로 예배당을 신축하고 교회를 분립하니라.[252] 조사 장운식을 장로로 장립하여 당회를 조직하다. 그 후에 연속하여 장로로 시무한 이는 장하순, 김학연, 고승엽, 조학정, 백지엽, 최운극이러라.[253]

(4) 체마(替馬)교회(1899.12.20): 피현면 소재로 노북교회에서 분립하였다. 이기수, 김상국이 전도하여 이문옥, 김갑옥, 고시귀, 고시혁 등이 교회를 설립하였다. 1907년 신성(新城)학교를 설립하여 운영하였고, 1915년 이붕태, 강성태, 이기수를 장로로 장립하여 당회를 조직하였다. 교역자는 김관근이었다.

(5) 관리(館里)교회(1900.9.3.): 고관면 관동 소재로 노북교회에서 분립하였

252) 차재명, 『조선예수교장로회사기(상권)』, 201.
253) 차재명, 『조선예수교장로회사기(상권)』, 207.

체마교회(자료출처 : 해방전 북한교회총람)

다. 김영근, 한정관, 김덕화, 김귀성, 김봉근 등이 교회를 설립하였고, 1914년 김병조를 장로로 장립하여 당회를 조직하였다.[254]

(6) 미산(美山)교회(1902.2.1.): 수진면 소재로 의주서(西)교회에서 분립하였다. 장유관, 이승청, 강창보, 홍종익, 장윤후 등이 교회를 설립하였다.1917년 9월 23일 최상집을 장로로 장립하여 당회를 조직하였다.[255]

(7) 산정(山亭)교회(1903): 광성면 소재로 남산교회에서 분립하여 유상도, 유상희가 교회를 설립하였다.[256]

(8) 주동(楸洞)교회(1904.2.1.): 가산면 소재로 일찌기 본동인 정상용이 복음을 듣고 인근의 사람들에게 전도하여 신자 수가 10여인이 되어 처음에는 사제에서 회집하더니 회실이 점차 비좁아 서로 용납하는 것이 불가능한고로 예배당 세 칸을 신축하고 교회를 확립하였다. 그 후에 교인

254) 대한예수교장로회 총회, 『해방전 북한교회총람』, 178.

255) 대한예수교장로회 총회, 『해방전 북한교회총람』, 195.

256) 대한예수교장로회 총회, 『해방전 북한교회총람』, 201.

홍승수가 그 땅 전부와 가옥 여석 칸을 기부하여 교회가 가납하여 예배당을 이주하였다.[257]

(9) 당후(堂後)교회(1904.11.15.): 피현면 당후동 소재로 노북교회에서 분립하였다. 최병준, 백인석이 교회를 창립하였다. 1908년 조사 김관근을 장로로 장립하고 당회를 조직하다. 그 후에 연속하여 장로 시무한 이는 최명준, 이창록, 김윤흡이러라.[258]

(10) 정심(正心)교회(1904): 정심교회가 부흥하다. 일찍이 본처회가 ○薇不振하야 남산교회로 합병하였더니 이원복, 유천복 양인이 열심히 기도하며 전도한 결과로 신자가 결증한지라 교인 김진구의 기부와 諸教徒의 연보로 대기와 20칸을 매수하야 예배당으로 사용하고 교회를 復立하니라.[259]

(11) 마룡(馬龍)교회(1904): 월화면 소재로 계인서(Kearns) 선교사가 전도하여 김영선, 양경화가 교회를 창립하였다.[260]

(12) 차유령교회(1905): 고령삭면 소재로 창회교회로부터 분립하였다. 이형원, 김학문, 조득성, 차승호, 차봉진, 양원우, 김재순, 조중관, 조중대 등이 교회를 창립하였다.[261]

(13) 동상(東上:下古舘)교회(1905.4.7): 일찍이 본동인 김희진 일가가 믿기 시작하고 노북(盧北)교회에 왕래 예배하더니 그 후에 노북교인 최봉익이 본동에 이주하여 인근의 사람들에게 전도하여 신자를 많이 얻었다. 노북교회에 출석하기 위해 강을 건너야하기 때문에 도보로 건널 수 없었다. 이에 협력 연보하여 예배당 다섯 칸을 신축하고 교회를 분

257) 차재명, 『조선예수교장로회사기(상권)』, 202.

258) 차재명, 『조선예수교장로회사기(상권)』, 207.

259) 차재명, 『조선예수교장로회사기(상권)』, 211.

260) 대한예수교장로회 총회, 『해방전 북한교회총람』, 193.

261) 대한예수교장로회 총회, 『해방전 북한교회총람』, 244.

영평교회 주일학교 졸업식(자료출처 : 해방전 북한교회총람)

립하였다.[262)]

(14) 운천(雲川)교회(1905 혹은 1907): 송장면 소재로 안승원의 전도로 서교회에서 분립하여 유여대, 김승만, 허봉현, 정봉곤, 이여진, 김기원 등이 교회를 창립하였다. 1918년 허상일을 장로로 장립하여 당회를 조직하였다.

(15) 마전(麻田)교회(1905. 10.15): 광성면 마전동 소재로 용산교회에서 분립하여 최덕홍, 김흥령이 교회를 창립하였다. 1912년 장덕로를 장로로 장립하여 당회를 조직하였다.[263)]

(16) 창원(昌元)교회(1906): 先是에 본처인 윤치주와 정효원 부부가 동시에 교를 믿고 읍서(邑西)교회에서 내왕예배하더니 말기에 신자증가라 교인 윤치은이 草室 3칸을 기부하야 예배당으로 사용하고 교회를 분립

262) 차재명, 『조선예수교장로회사기(상권)』, 201.

263) 대한예수교장로회 총회, 『해방전 북한교회총람』, 193.

송천교회(자료출처 : 해방전 북한교회총람)

이러니 그 후에 교회가 우흥하야 예배당을 신축하고 부인 등이 전도회를 조직하니라.[264]

(17) 삼화(三和)교회(1906): 옥상면 소재로 관리교회에서 분립하였다. 한계봉, 김만곤, 황태일이 교회를 창립하였다.

(18) 영평교회(1907.3.1.): 체마교회에서 분립하였다. 김득임, 한순봉, 전연금이 교회를 창립하였다.

(19) 남산(南山)교회(1907.6.1.): 고진면 남제동 소재로 조용렴, 조용목, 전기청, 고승범, 정계성 등이 교회를 설립하였다. 1911년 김병창을 장로로 장립하여 당회를 조직하였다.[265]

(20) 송천(松川)교회(1908.3.1.): 수진면 소재로 의산교회에서 분립하였다. 황사성이 전도하여 정준모 부부가 교회를 설립하였다.[266]

---

264) 차재명, 『조선예수교장로회사기(상권)』, 219.

265) 대한예수교장로회 총회, 『해방전 북한교회총람』, 183.

266) 대한예수교장로회 총회, 『해방전 북한교회총람』, 210.

(21) 중단(中端)교회(1908.7.15.): 위원면 소재로 일찍이 본동인 김준건, 김창건, 이윤복, 유천복, 김은반, 최신준, 황은성, 조신성 등이 서로 전도하여 믿어 혹은 관리(舘里)교회에 왕래하며 혹은 당후(堂後)교회에 예배하더니 수년 후에 신자가 증가하여 많아지니 통행이 불편함으로 교인 김과 함 등 60인이 연보하여 예배당 6칸을 신축하고 교회를 분립하니라.[267]

(22) 낙원동(樂園洞)교회(1908.9.29): 고전면 낙원동 소재로 일찍이 위원인 김창건 등이 돌아다니며 전도함으로 김호건 등 수인이 믿고 따라 土橋교회에 왕래예배하더니 이제야 한예진이 그 땅을 기부하고 교인은 연보를 수집하여 7칸 예배당을 신축하고 교회를 분립하니라.[268]

(23) 용운(龍雲)교회(1909.3.5): 일찍이 본지인 김득길이 믿기 시작하고 읍교회로 왕래 예배할새 동내 비류에게 핍박을 누조(累遭)하되 항시 참아 전도를 우근(尤勤)이러니 후래에 이경즙, 김봉진, 김단봉 등이 서로 잇따라 주께로 돌아와 김득길 사저에서 예배하며 학당을 兼設하야 여자를 교육하더니 至是하야 草室 4칸을 매수하야 회당과 교실로 병용하고 교회를 분립하였고, 그 후에 교회가 우흥(尤興)하야 예배당을 중건하니라.[269] 명신학당을 운영하였다.

(24) 의주읍동(東)교회(1910): 당시에 서(西)교회 신도가 많아져 하나의 예배당으로 수용이 불가능함으로 교회를 나누기로 경영하였다. 전교인들이 협력하여 연보하여 읍농무에 안 큰 집을 매수하여 예배당으로 사용키로 하고 교회를 분립하니 당시 영수는 김상은이요, 집사는 백용석이었다.[270]

---

267) 차재명, 『조선예수교장로회사기(상권)』, 202-203.

268) 차재명, 『조선예수교장로회사기(상권)』, 207.

269) 차재명, 『조선예수교장로회사기(상권)』, 211.

270) 차재명, 『조선예수교장로회사기(상권)』, 200.

신의주 제일교회

(25) 신의주 제1교회(1910.12.31.): 매지동 소재로 先是에 본처인 이신화, 이명화, 김신국 등이 동시에 信主하고 마전(麻田)교회에 왕래예배하더니 是處난 國境重地라 市街가 繁昌하고 物貨가 輻輳함에 각처교우의 이주 하는 자가 甚衆하니 황택규, 김병원, 이항엽, 조보근, 장준영, 김관필, 김용집, 김세의, 임관호, 임주조, 장려학 등이 皆是名한 신도라 相繼移來하야 대중을 漸成하니 於是에 예배당 8칸을 신축하고 교회를 분립하니라.[271]

(26) ○봉(○蜂)교회:(1911.3): 월화면(月華面) 소재로 先是에 본처인 원세택, 최용태, 신봉상, 신봉정 등이 相繼信主하야 호암(虎岩)교회에 왕래예배하더니 동내의 信者漸衆이라 초즙으로 예배당 4칸을 신축하고 교회를 분립하니라.[272]

271) 차재명, 『조선예수교장로회사기(상권)』, 219-220.

272) 차재명, 『조선예수교장로회사기(상권)』, 219.

신의주 제일교회 교육관

(27) 관북(館北)교회(1919.9.10.): 고관면 관북동 소재로 교역자는 김응양이다.[273]

(28) 남제동(南齊洞)교회: 일찍이 본동인 조용겸, 조용묵 형제가 서로 권면하여 믿어 그 부모가 매수한 남산사원(南山寺院)을 교회에 기부하여 예배당으로 사용하고 수년간 왕래 예배하더니 드디어 조씨 가문에 신자가 점차 많아지니 협력연보하여 일예배당을 신축하고 교회를 분립하니라.[274]

(29) 다지도(多智島)교회: 일찍이 본도인 김봉삼, 이인수 등 수인이 믿고 상단교회에 왕래 예배하더니 교인수가 증가하여 예배당 4칸을 신축하고 교회를 분립하니라.[275]

(30) 진음동(秦音洞)교회: 일찍이 본처인 조신관이 교를 믿고 노북교회에

273) 대한예수교장로회 총회, 『해방전 북한교회총람』, 178.

274) 차재명, 『조선예수교장로회사기(상권)』, 207.

275) 차재명, 『조선예수교장로회사기(상권)』, 207.

한경직 목사

왕래 예배하더니 수년이 지난 후에 감응하여 믿는 자가 수 십인이 되니라. 협력연보하야 예배당 6 칸을 신축하고 교회를 분립하니라.[276)]

(31) 유초도(柳草島)교회: 일찍이 용천군 입암(立岩)교회 여신도 김신일씨의 첫 전도시에 김보준 전 집안이 가장 먼저 주를 믿고 익년 다음 전도시에 조성제 전 집안이 연속으로 귀도하야 산정(山亭)교회에 왕래하더니 신자 격증함에 以爲大江이 相隔에 通步이 非便이라하여 신도 장하식 사제(私第)에서 예배하더니 신자 至是하야 협력연보하야 초가 4 칸을 매수하야 예배당으로 사용하고 교회를 분립하더니 당시 조사는 김병농이러라.[277)]

(32) 대문동(大門洞)교회

일찍이 본동인 김지선, 최영근, 박정률, 김국찬, 김기원 등이 상계이신하야 운천(雲川)교회에 왕래 예배하더니 말기에 신도가 점점 많아짐에 以爲雲川은 通涉 非便이라하야 교인 김기완이 자기사제를 교회에 기부하여 예배당으로 사용하고 교회를 분립함에 교인 김지선이 성심

276) 차재명, 『조선예수교장로회사기(상권)』, 208.

277) 차재명, 『조선예수교장로회사기(상권)』, 211.

신의주 제이교회(자료출처 : 해방전 북한교회총람)

신의주 제삼교회(자료출처 : 해방전 북한교회총람)

시무함으로 교회가 불시에 발전하니라.[278)]

이 밖에 『평북노회사』와 『해방전 북한교회 총람』에 기록된 교회들을 정리하면 다음과 같다.

신의주시의 신의주 제 2교회(1924.1.1.), 신의주 제3교회(1919.11), 신의주 제 4교회, 신의주 제5교회(1937.12.12), 남신의주교회(1939.11.26.), 고령삭면의 천마(天摩)교회(1898.3.10), 단봉(丹峰)교회(1913.2.3), 원봉교회(1913.2.3.), 영산(永山)교회, 부상리(扶桑里)교회, 월화면(月華面)의 상단(上端)교회(1901.3.10), 해천(蟹川)교회, 남동(南洞)교회, 석암동(席岩洞)교회, 광성면의 산정(山亭)(1902), 마전(麻田)교회(1904.10), 가산면의 아○동(아○洞)교회(1904.2.1), 도령(都嶺)교회(1914), 방산(方山)교회, 옥상면의 상목(裳木)교회(1904.4.7), 백의(白義)교회, 비현면의 수평(水平)교회(1906.3.1), 노북(蘆北)교회(1907.3), 정산(亭山)교회(1926.10.10.), 고성면(古城面)의 합상(合上)교회(1906.8.6), 용상교회(1906), 연산(煙山)교회, 고관면(古館面)의 상교(上橋)교회(1906.10.1.), 수진면의 수구(水口)교회(1907.4.15), 동운(童雲)교회(1908.3.5), 춘곡(春谷)교회(1908.9.10.), 송천(松川)교회, 위하면의 북하(北下)교회(1913.3), 광편면의 청성(淸成)교회(1923.9), 청수(靑水)교회, 상광(上光)교회, 송장면의 창원(昌原)교회, 소수(小水)교회, 금광(金光)교회, 고률면(古律面)의 송한(松鷴)교회(1933.11.20), 청산(靑山)교회, 만주국 안동성(安東省)의 봉봉성(鳳鳳城)교회(1933.3.28.), 안동제일교회(1914.8), 안동제이교회(1933.2.25.), 안민(安民)교회(1937.11.24.), 중류촌(中流村)교회, 중앙교회(1931.8.5), 육도구(六道溝)교회, 마자구(?子溝)교회, 삼도진(三道鎭)교회, 대보(大堡)교회, 중국 산동성의 청도(靑島)교회, 상해(上海)교회(1925.9.1.) 등 53개의 교회있었다. 〈조선예수교장로회 사기(상)〉외 〈해방전 북한교회총람〉에 설립연도와 내용이 기록된 교회를 합치면 총 85개의 교회가 있었다.

---

278) 차재명, 『조선예수교장로회사기(상권)』, 214.

이러한 의주지역의 교세로 말미암아 의산노회는 후에 의주군과 신의주시만 의산노회로 하고 나머지 삭주, 창성, 벽동 지역을 삼산노회로 분립할 수 있었다. 의주지역과 관련하여 특이한 사항은 의주읍교회가 평북지역에서 1883년 최초로 창립되었다는 사실이다. 이는 만주에서 로스에 의해 세례를 받은 백홍준이 고향으로 와 교회를 설립하였기 때문이다. 후에 백홍준의 사위로 후에 목사가 된 김관근이 동의주지역에서 휘트모어의 조사로 활동하여 교회들을 돌보았다.

3. 용천(龍川)노회의 산하 교회들

1929년 평북노회에서 분립된 용천노회는 관할 구역이 용천군 일대였다. 초기에 휘트모어선교사가 순회하다가 로스와 블레어 선교사에게 순회담당 구역을 물려주었다. 〈조선예수교장로회사기(상)〉와 최근 대한예수교장로회 총회에서 발행한 〈해방 전 북한교회총람〉을 정리하면 1930년대 말까지 용천군에는 다음과 같은 교회들이 설립되었다.

신창교회(자료출처 : 해방전 북한교회총람)

용천노회 임원(1939.9)(자료출처 : 해방전 북한교회총람)

(1) 덕흥(德興)교회(1896.10.15.): 덕흥교회에서 문보항을 장로로 장립하여 당회를 조직하다.

(2) 신창(新倉)교회(1897.3.1.): 양하면 소재로 조학룡이 전도하여 황국보, 황국일이 교회를 설립하였다. 소병조를 장로로 장립하여 당회를 조직하였다.[279]

(3) 덕천(德川)교회(1898.10.10.): 부라면 소재로 김건주가 전도하여 조서저가 교회를 창립하였다. 김건주를 장로로 장립하여 당회를 조직하다.[280]

(4) 양시(楊市)교회(1901): 양하면 소재로 남산교회 교인인 이치국이 전도하여 양영진, 양기범, 양기련 등이 교회를 창립하였다. 1909년 김건주를 장로로 취임함에 당회가 조직되다.[281] 1909년 보성학교를 설립하였으

279) 대한예수교장로회 총회, 『해방전 북한교회총람』, 219.

280) 대한예수교장로회 총회, 『해방전 북한교회총람』, 190.

281) 차재명, 『조선예수교장로회사기(상권)』, 210.

덕천교회(자료출처 : 해방전 북한교회총람)

용천읍교회(구읍교회)(자료출처 : 해방전 북한교회총람)

며, 교역자는 위대모, 김관근, 김건국, 정기정 등이었다.[282)]

---

282) 대한예수교장로회 총회, 『해방전 북한교회총람』, 221.

입암교회(자료출처 : 해방전 북한교회총람)

(5) 구읍(舊邑)교회(1903.11.1.): 동상면 소재로 동문교회 교인 한재희의 전도로 동문교회에서 분립하였다. 후에 목사가 된 차재명이 교회를 설립하였고, 1911년 김농승이 장로 장립을 받아 당회를 조직하였다.[283]

(6) 입암(立岩)교회(1904): 용하면 소재로 윤치흥, 박성관, 김세진 등의 전도로 신창교회에서 분립하였다. 의성학교를 설립운영하였고, 1911년 윤희복을 장로로 장립하여 당회를 조직하였다.[284]

(7) 용암포교회(1905.3.10.): 용암포읍 소재로 최연보, 김기범이 교회를 창립하였다. 1908년 구세학교를 설립하였다.

(8) 광화(光化)교회(1905.10.9.): 양광면 소재로 김영근이 전도하여 김경일, 황용헌 등이 교회를 창립하였다. 1914년 박성관을 장로로 장립하여 당회를 조직하였다. 후에 윤하영이 교역하였다.[285]

---

283) 대한예수교장로회 총회, 『해방전 북한교회총람』, 181.

284) 대한예수교장로회 총회, 『해방전 북한교회총람』, 239.

285) 대한예수교장로회 총회, 『해방전 북한교회총람』, 180.

광화교회(자료출처 : 해방전 북한교회총람)

(9) 용봉(龍峰)교회(1906.7): 양서면 소재로 일찍이 본처인 김익범, 김두원, 원무상 등이 믿기 시작하여 양시교회에서 예배하였다. 인근의 사람들에게 전도하여 신자가 점점 많아지니 예배당을 신축하고 교회를 분립하였다.[286]

(10) 용유(龍游)교회(1906.8.10.): 양광면 소재로 일찍이 본처인 김봉문, 김봉명, 김익련, 김익형, 장지영, 윤득신, 공주 등이 동시에 믿어 동문(東門)교회에서 예배하더니 수년이 지난 후 신자가 80여 명으로 증가한지라 예배당을 건축할 재료를 각기 부담하여 20 칸을 신축하고 교회를 분립하니 당시 조사는 이윤옥이러라.[287]

(11) 학령(鶴嶺)교회(1907.3.3.): 동하면 소재로 일찍이 본처인 송준홍, 송문정, 이희청, 이봉태, 최태근 등이 서로 계승하여 믿어 동문(東門)교회 왕

286) 차재명, 『조선예수교장로회사기(상권)』, 200.

287) 차재명, 『조선예수교장로회사기(상권)』, 205.

래하더니 말기에 신자가 점차 많아져 금 7백여원을 연보하여 예배당을 신축하고 교회를 분립하니 당시 조사는 이윤옥이러라.[288]

(12) 덕동(德洞)교회(1907.7.15.): 양관면 소재로 일찍이 본처인 김경섭, 김경준, 김윤옥, 김상렬 등이 동시에 믿어 양시(楊市)교회에서 예배하며 본동인사에게 전도하더니 미구에 80여 명의 신자가 격증함에 옥성(玉成)학교를 빌려 임시로 예배하더니 선교사 방혜법과 조사 이윤옥이 순래하여 교회를 분립하고 김경섭으로 교회를 도솔(導率)케 하니라.[289]

(13) 당령(堂嶺)교회(1907.9.1.)

일찍이 본처인 차주경, 이윤종 등이 믿기 시작하고 동문교회에 왕래하더니 미구에 洞○ 신자가 점증한지라 그 때에 연보하여 예배당을 신축하고 교회를 분립하니 당시 조사는 이윤옥이러라.[290]

(14) 백암(白岩)교회(1908.1.3.) : 북중면 소재로 일찍이 본처인 장효량이 처음 믿고 용봉교회에 왕래 예배하더니 이웃의 사람들에게 전도하야 신자가 점차 많아짐에 當地學校를 매수하여 예배당으로 사용하고 교회를 분립하니 당시 조사는 백정진이러라.[291]

(15) 원성(元城)교회(1908.2.12.): 부라면 소재로 일찍이 본처인 함세형, 함석규 양인이 믿기 시작하여 덕천(德川)교회에서 예배하더니 인근의 사람들에게 전도하여 신자가 많아짐에 따라 예배당을 신축하고 교회를 분립하였다. 당시 조사는 김건주였다.[292] 1909년 덕일학교를 설립 운영하였다.[293]

---

288) 차재명, 『조선예수교장로회사기(상권)』, 205.
289) 차재명, 『조선예수교장로회사기(상권)』, 206.
290) 차재명, 『조선예수교장로회사기(상권)』, 205.
291) 차재명, 『조선예수교장로회사기(상권)』, 210.
292) 차재명, 『조선예수교장로회사기(상권)』, 200.
293) 대한예수교장로회 총회, 『해방전 북한교회총람』, 236.

신남시교회(자료출처 : 해방전 북한교회총람)

(16) 북평(北坪)교회(1907.9.11.) : 양서면 소재로 일찍이 본처인 박문근, 김중종 등이 동시에 믿어 신성교회에서 매주일 예배하더니 미구에 동인이 감동하고 따라 신자가 점차 증가하는지라 합력연보하여 예배당을 신축하고 교회를 분립하니 당시 영수는 박문근이러라.[294] 1917년 김중건, 장하식을 장로로 장립하여 당회를 조직하였다.[295]

(17) 신남시교회(1921.2.16): 외상면 소재로 무산교회 교인 조홍욱이 전도하여 세웠다.[296]

(18) 송산(松山)교회: 일찍이 본처인 이상겸, 장승무 등이 믿기 시자하고 덕흥교회에 왕래하여 인근 리에 전도하여 신자가 점차 많아짐에 따라 예배당을 신축하고 교회를 분립하였다.[297]

---

294) 차재명, 『조선예수교장로회사기(상권)』, 206.

295) 대한예수교장로회 총회, 『해방전 북한교회총람』, 198.

296) 대한예수교장로회 총회, 『해방전 북한교회총람』, 211.

297) 차재명, 『조선예수교장로회사기(상권)』, 200.

남압교회(자료출처 : 해방전 북한교회총람)

(19) 신도(新島)교회(1920년대): 신도면 소재로 당시에 평북 각 회(會)로서 전도회를 조직하고 한경희(용천인)를 이 섬에 파송하여 전도하더니 신자가 늘어남에 합력 공사하여 예배당을 신축하고 교회를 설립하니라.[298)]

(20) 동상(東上)교회: 일찍이 본처인 김지용, 김지현, 김행민, 고재선 등이 동시에 주를 믿고 신창교회에 왕래하며 인근 동(洞) 사람들에게 전도하더니 신자가 많이 증가하여 금 일천오백원을 연보하여 예배당을 신축하고 교회를 분립하니 당시 조사는 송병조러라.[299)]

(21) 신서동(新西洞)교회: 일찍이 본동인 문종언, 김정수, 이원실 등이 동시에 믿고 입암교회 왕래하더니 그 후에 동내신재가 점점 많아진지라 협력연보하야 예배당을 신축하고 교회를 분립하니라.[300)]

(22) 양책(良策)교회: 동상면 소재로 先是에 본처인 윤의창, 김문일 등이 복음을 듣고 이웃에게 전도하야 신자 전가(漸加)함에 구읍과 연평교회에

---

298) 차재명, 『조선예수교장로회사기(상권)』, 206.

299) 차재명, 『조선예수교장로회사기(상권)』, 206.

300) 차재명, 『조선예수교장로회사기(상권)』, 213.

학소교회(자료출처 : 해방전 북한교회총람)

> 왕래 예배하더니 말기에 신자우증(信者尤增)이라 예배당을 신축하고 교회를 분립하니라.[301]

이 밖에도 〈평북노회사〉에 기록된 교회들은 다음과 같다. 부라면(府羅面)의 운향(運餉)교회(1925.2.15.), 운용(雲用)교회(1916.3.5.), 삼용(三龍)교회(1929.3), 동상면(東上面)의 용상(龍上)교회(1939.3.12), 구읍(舊邑)교회(1903.11.1.), 동하면(東下面)의 고녕(古寧)교회(1905.4.10.), 석현(石峴)교회(1926.4.5.), 대산교회(1927.3.30), 대산(臺山)교회(1927.3.30.), 외상면(外上面)의 서석(西石)교회(1896.10.3.), 남시(南市)교회(1905.12.21.), 하호(下虎)교회(1914.1.6.), 안평(安平)교회(1931.9.28.), 학소(鶴巢)교회(1935. 9.1), 외하면(外下面)의 신남시(新南市)교회(1921.2.16.), 남압(南鴨)교회(1930년경), 반궁(盤弓)교회(1933.2.15.), 양광면(楊光面)의 광북(光北)교회(1904.10.9.), 덕동(德洞)교회(1917.3.18.), 망양(望洋)교회, 의상면의 안평교회(1931.9.28), 내중면(內中面)의 대성(大成)교회(1909.8.5.), 동성(東城)교회(1934.8.15.), 동당

301) 차재명, 『조선예수교장로회사기(상권)』, 218.

(東堂)교회(1936.8.14.), 양서면(楊西面)의 견일(見一)교회(1936.8.21.), 송산면(松山面)의 무산(舞山)교회(1903.11.1.), 용천면(龍川面)의 용암(龍岩)제일교회(1906.3.10.), 중앙교회(1931.5.24.), 덕봉(德蜂)교회(1932.8.21.), 중흥(中興)교회, 시중면(市中面)의 ○산(○山)교회(1898), 북중면(北中面)의 장산(長山)교회(1924.7.5.), 양정(楊亭)교회(1931.9.3.), 만주국 영강안령(榮江安領)의 농촌제일교회, 농촌제이교회, 만주국 반산현(盤山縣)의 소○자(小○子)교회(1938.2.10.), 유가순(劉家純)교회, 만주국 해성현(海城縣)의 하북(河北)제일교회, 대궁만(大弓灣)교회, 통자강(通子江)교회, ○어강(○魚江)교회 등 41개로 용천노회에는 총 63개 교회개 있었다.

4. 삼산(三山)노회 산하의 교회들

의산노회가 교세가 증가하자, 1926년 10월 16일 의산노회로부터 벽동군, 삭주군, 초산군, 후창군 지역을 분립하여 삼산노회를 창립하였다. 초기에 선천선교지부는 이 4지역을 휘트모어 선교사를 순회선교사로 지명하여 관리케 하였고, 한국인 조사로는 한득용을 임명하였었다. 후에는 계인서, 노세영, 나조, 남해리 선교사들이 순회를 담당하였다.

1) 벽동군(碧潼郡)

(1) 벽동읍(邑)교회(1903.4): 벽동면 소재로 일찍이 본읍인 김서면, 김봉윤, 강태흡이 믿기 시작하고 교동 전응주 사제에 회집하니 당시 불신자들이 박해하여 회집을 할 수 없게 하는 지라 산림과 강변에 피신하여 예배하였다. 그 후에 정의준, 임봉서 부부가 함께 믿어 정씨의 집에서 예배할 새 선교사 계인수(컨스)와 조사 한득용이 수시로 순례하였고, 그 후에 최봉석 조사로 임명받아 본읍에 래왕하여 열심히 전도할새 이적이 나타났다. 당시에 벽동군의 박인옥이 역시 신자로 교회를 협찬하니

벽동읍교회(자료출처 : 해방전 북한교회총람)

수년간에 교회가 크게 발전하였다. 그 때에 전교회가 협력하여 일좌거실(一座居室)을 매수하여 예배당으로 사용하고 교회를 확립하였으니 당시 선교사는 노세영이요 조사는 최봉석이러라.[302] 벽동읍교회에서 교인이 격증함에 교인 김병관은 基地를 기부하고 제 교우는 연보하야 와즙 10칸을 신축하야 예배당으로 사용하니라.[303]

(2) 벽단(碧團)교회(1906.10.1.): 송서면 소재로 일찍이 본처 상인 신효일이 의주방면에서 복음을 듣고 본리에 귀래하여 전도함에 기 가족이 선감하고 이웃 사람 하○명, 김태룡, 이익륜, 임창전, 김윤금 등이 相繼信士히여 하○명 私第에서 회집이러니 至是捐補하야 초즙(草葺) 3 칸을 매수하야 예배당으로 사용하고 교회를 설립하니라.[304]

(3) 성면(城面)교회: 성남면(城南面) 소재로 先是에 본처인 김화집이 복음을

302) 차재명, 『조선예수교장로회사기(상권)』, 203.

303) 차재명, 『조선예수교장로회사기(상권)』, 214.

304) 차재명, 『조선예수교장로회사기(상권)』, 212.

우장교회(자료출처 : 해방전 북한교회총람)

처음 믿고 이웃에게 전도함에 23 家人이 동시 歸道하니 신도가 3십 인이러라 民房을 매수하야 예배당으로 사용하고 교회를 설립이러니 그 후에 教會尤興하야 와가 7칸의 예배당을 移建하니라.[305]

(4) 동상(東上)교회(1912): 벽동면 소재로 김송정 외 수명이 교회를 설립하였다.[306]

(5) 남면(南面)교회(1912): 남면 남상동 소재로 1912년 박형봉을 장로로 장립하였다.[307]

(6) 태평(太平)교회(1915.12.23.): 先是에 본처인 김학선 등이 처음 믿고 조창화, 이국호의 사저에서 회집이러니 未久에 신자증가라 草室 4칸을 매수하야 예배당으로 사용하고 교회를 설립하니라.[308]

---

305) 차재명, 『조선예수교장로회사기(상권)』, 220.

306) 대한예수교장로회 총회, 『해방전 북한교회총람』, 197.

307) 대한예수교장로회 총회, 『해방전 북한교회총람』, 183.

308) 차재명, 『조선예수교장로회사기(상권)』, 220.

이 밖에도 우시면(雩時面)의 창평(倉坪)교회(1918.4.21.), 우장(雩場)교회(1921), 송서면(松西面)의 의흥(義興)교회(1922.8.30.), 송삼(松三)교회(1932.9), 송일(松一)교회(1937.3.30.), 가별면(加別面)의 별장(別場)교회(1925.5.10.), 도북면의 북하교회(1930.5.5.), 학회면(鶴會面)의 학면(鶴面)교회(1888), 의성(義城)교회(1932.2.20.), 오북면(吾北面): 광평(廣坪)교회(1933), 북하(北下)교회(1930), 화평(和平)교회, 대평면(大平面)의 양평(陽平)교회(1931.4.1.), 운정면(韻町面)의 장토(章土)교회 등 14개의 교회가 있어 벽동권에는 총 20개의 교회가 존재하였었다.

2) 삭주군(朔州郡)

(1) 삭주읍교회(1896): 양전백, 백유제가 전도하여 김영국, 김종호, 최익형이 교회를 창립하였다. 순행 선교사는 나조, 남해리이다. 삼산중학교를 설립 운영하였다.[309)]

삭주읍교회(자료출처 : 해방전 북한교회총람)

309) 대한예수교장로회 총회, 『해방전 북한교회총람』, 200.

대관교회(자료출처 : 해방전 북한교회총람)

(2) 대관(大舘)교회(1906): 외남면 소재로 일찍이 교인 전문헌, 전문보 형제 2인이 영내로부터 본처에 이주하여 열심히 전도하니 동인 구영록이 가장 먼저 믿고 따랐으며 그 후 신자가 계속 늘어나 초가집 세 칸을 매수하여 회당으로 의결하고 교회를 설립하니 당시 조사는 한득용이요, 집사는 전문헌이러라.[310] 1916년 구영록을 장로로 장립하여 당회를 조직하였다.[311]

(3) 신안(新安)교회(1910): 구곡면 소재로 일찍이 본처인 주백영 전 집안이 진리를 믿고 삭주읍교회에서 수년 예배하더니 동내 남녀가 감응하야 믿는 자들이 점점 많아지니라 於是에 교회를 분립하니 당시 조사는 한득용이다.[312]

(4) 신창(新倉)교회: 남서면 소재로 일찍이 본동인 백려화가 처음 믿고 이웃사람에게 전도하야 신자가 점증하야 오십여명에 이른지라 협력연보하

310) 차재명, 『조선예수교장로회사기(상권)』, 202.

311) 대한예수교장로회 총회, 『해방전 북한교회총람』, 188.

312) 차재명, 『조선예수교장로회사기(상권)』, 214.

여 예배당을 신축하고 교회를 설립하니 당시 조사는 한득용이러라.[313]

이 밖에도 삭주군에는 양산면(兩山面)의 원풍(院豊)교회(1917), 남서면(南西面)의 신풍(新豊)교회(1917.12.12.), 삭주면(朔州面)의 석교(石橋)교회(1924.3.15), 남창(南倉)교회, 외동면(外東面)의 교동(橋洞)교회(1927.9.5.), 외남면(外南面)의 대안(大安)교회(1921.3), 교동(橋洞)교회(1927.9.5.), 구곡면(九曲面)의 연평(延坪)교회 등 9개의 교회가 있어 삭주군에는 총 13개의 교회가 있었다.

3) 창성군(昌城郡)

(1) 창성읍(邑)교회(1895.11.15.): 창성면 소재로 1916년 이봉태를 장로로 장립하여 당회를 조직하다. 1924년 여신도들이 적성회(赤城會)를 조직하여 4년간 건축헌금을 조달하고 재목과 벽돌을 바쳐서 새성전을 지었

창성읍교회(자료출처 : 해방전 북한교회총람)

313) 차재명, 『조선예수교장로회사기(상권)』, 214.

사창교회(자료출처 : 해방전 북한교회총람)

다.[314]

(2) 대유동(大楡洞)교회(1909): 동창면 소재로 是處난 유명한 광소라 四方 人士가 雲集 輻輳러니 운산 김익용과 박천 임영순이 동시 이주하야 同心傳道함에 신자 漸加하여 4십여 인에 이미 달한지라 예배당을 건축하고 교회를 설립하니 당시 집사는 김익용, 임영순이러라.[315]

(3) 사창(私倉)교회(1915.12.24.): 창성면 소재로 김상륜, 백봉수가 전도하여 김상조, 김인택이 교회를 설립하였다.[316]

이 밖에도 청산면(靑山面)의 청산(靑山)교회(1923.3.10.), 신창(新倉面)면의 완풍(完豊)교회(1938), 대창면(大倉面)의 대창(大倉)교회(1933.7), 창성면(昌城面)의 갑암(甲岩)교회, 평로(坪路)교회, 동창면(東倉面)의 대동(大洞)교회, 창주면(昌州

314) 대한예수교장로회 총회, 『해방전 북한교회총람』, 245.

315) 차재명, 『조선예수교장로회사기(상권)』, 220.

316) 대한예수교장로회 총회, 『해방전 북한교회총람』, 199.

面)의 창평(昌萍)교회, 전창(田倉)교회, 우인면(祐仁面)의 의산(義山)교회 등 9개의 교회가 있었고, 창성군에는 총 12개의 교회가 있었다. 이 밖에도 후창군 장흥동에 1927년에 상장(上章)교회(1927.4)가 설립되어 예배를 드리고 있었다.

5. 평동(平東)노회 산하의 교회들

1939년 10월 24일 평북노회에서 정주군, 박천군, 그리고 구성군 일부를 분립하여 평동노회를 창립하다.

1) 정주군(定州郡)

(1) 정주읍(定州邑)교회(1895.10.11.): 유상도가 전도하여 김시항, 최현보, 최성우가 교회를 창립하였다. 1904년 최성주를 장로로 장립하였다.[317]

(2) 곽산읍(郭山邑)교회(1899): 곽산읍 조산동 소재로 강제건이 전도하여 홍문종, 황금택, 김덕여, 긴준문, 조광린, 강인우 등이 교회를 창립하였다. 1906년 최관흘을 장로로 장립하여 당회를 조직하였다. 교역자는 로버트 였다.[318]

(3) 청정(淸亭)교회(1894.3.1.): 마산면(馬山面) 소재로 1896년 이준영, 박찬형, 최승조, 김여환, 김봉일 등이 교회를 창립하였다. 1911년 조사 조덕찬을 장로로 장립하야 당회를 조직하니라.[319]

(4) 서면(西面)교회(1905): 남서면 소재로 선우성일이 전도하여 차용길 부부

317) 대한예수교장로회 총회, 『해방전 북한교회총람』, 197

318) 대한예수교장로회 총회, 『해방전 북한교회총람』, 178

319) 차재명, 『조선예수교장로회사기(상권)』, 216.

장요교회(자료출처 : 해방전 북한교회총람)

가 교회를 창립하였다.[320]

(5) 장요(長腰)교회(1905): 관주면 소재로 강제현이 교회를 창립하였다. 1909년 강제현을 장로로 장립하여 당회를 조직하다.[321] 송숙오제와 영창학교를 운영하였다.[322]

(6) 관산(觀山)교회(1907.11.7.) 관주면(觀舟面) 소재로 본동 김익주, 김현문 등이 믿기 시작하여 장요교회에 내왕 전도하여 신자가 점차 많아짐에 따라 교회를 분립하였다. 당시 조사는 강제현이었다.[323] 1920년 김익주를 장로로 장립하여 당회를 조직하다.

(7) 운전(雲田)교회(1908): 대전면 소재로 1908년 일찍이 본처인 최백순, 백영윤, 박용거 등이 동시에 주를 믿어 간화동(看花洞) 서재(書齋)에 임시예배처로 정하고 매주일에 회집하였다. 그 후에 연보하여 예배당을 신축

320) 대한예수교장로회 총회, 『해방전 북한교회총람』, 203.

321) 차재명, 『조선예수교장로회사기(상권)』, 209.

322) 대한예수교장로회 총회, 『해방전 북한교회총람』, 240.

323) 차재명, 『조선예수교장로회사기(상권)』, 199.

관산교회(자료출처 : 해방전 북한교회총람)

하고 교회를 설립하니라.[324)]

(8) 덕암(德岩)교회: 고덕면(古德面) 소재로 일찍이 본처인 유찬주, 안세흡 등이 동시에 주를 믿어 인근의 사람들에게 전도하여 신자가 점차 일어남에 예배당을 신축하고 교회를 설립하니 당시 조사는 조덕찬이러라.[325)]

(9) 연봉(延峰)교회 : 일찍이 본처인 이동준, 이태주, 이흥규, 박계빈, 박계환, 유영천 등이 동시에 주를 믿어 인근의 사람들에게 전도하여 신자가 점차 많아져 이희규가 땅을 기부하고 모든 교우들이 연보금을 모아 예배당을 신축하고 교회를 설립하니라. 당시 조사는 주덕찬이러라.[326)]

(10) 덕흥(德興)교회: 덕언면 소재로 일찍이 본처인 강기봉, 강영길, 강리형, 문윤국, 정기주, 김병국 등이 동시에 믿고 청녕(淸寧)교회에 왕래하며 이웃에게 전도하더니 말기에 신도 격증하는지라 동내의 尙志학교를

---

324) 차재명, 『조선예수교장로회사기(상권)』, 204.

325) 차재명, 『조선예수교장로회사기(상권)』, 204

326) 차재명, 『조선예수교장로회사기(상권)』, 204.

오산교회(자료출처 : 해방전 북한교회총람)

빌려 임시예배처소로 議定하고 교회를 분립하더라.[327]

(11) 오산(五山)교회: 갈산면 소재로 일찍이 본처인 이종호, 김정진 등이 믿기 시작하고 처음에는 이중호 집에서 예배하더니 후에 信徒漸增함에 이승훈은 그 땅의 일단을 기부하고 교인은 合心연보하여 예배당을 신축하고 교회를 설립하니라.[328]

(12) 장경(長景)교회: 옥천면 소재로 是處난 유명한 광소(礦所)라. 각방(各方) 인물이 폭주(輻湊)하는 장소인대 여신도 박도수가 경성로부터 본처에 來居하야 열심히 전도하니 남녀신도 십여인이 신종하야 예배당을 신축하고 교회를 설립하니라.[329]

이 밖에도 대전면(大田面)의 운산(雲山)교회(1907.2.7.), 외귀면의 외귀진 교회

327) 차재명, 『조선예수교장로회사기(상권)』, 209.

328) 차재명, 『조선예수교장로회사기(상권)』, 209.

329) 차재명, 『조선예수교장로회사기(상권)』, 217.

만수동교회(자료출처 : 해방전 북한교회총람)

운산교회(자료출처 : 해방전 북한교회총람)

(1910), 덕언면(德彦면)의 덕성(德星)교회(1913.4.20.), 이언(伊彦)교회(1928), 모언(慕彦)교회, 관주면(觀舟面)의 엄장(嚴庄)교회(1919), 운흥(雲興)교회, 갈산면(葛山面)

엄장교회(자료출처 : 해방전 북한교회총람)

의 애도(愛島)교회(1936.1.20.), 고읍(古邑)교회(1936.2.23.), 옥천면(玉泉面)의 수두(水頭)교회(1905.2.23.), 문인(文仁)교회(1938.3.3.), 감포면(監浦面)의 동로(東路)교회(1917.8), 천대동(天臺洞)교회(1920.1), 안흥면(安興面)의 임암(林岩)교회(1927.2.18.), 호암(好岩)교회(1938.2.3.), 남서면(南西面)의 ○호(○湖)교회(1925.2.1.), 상단(上端)교회(1935.1), 남산(南山)교회(1937.9.15.), 고현면(高峴面)의 고현(古峴)교회, 해산면(海山面)의 ○방(○坊)교회 등 20개의 교회가 있었다. 그러므로 정주지역의 교회는 총 32개의 교회가 존재하였다.

2) 박천군(博川郡)

(1) 남호(南湖)교회(1900.8.10.): 남호면(南湖面) 소재로 이정선이 전도하여 이

령미교회(자료출처 : 해방전 북한교회총람)

진성, 임처제, 김찬득이 교회를 설립하다.[330)]

(2) 만수동(萬壽洞)교회(1909. 4.5): 1909년 교회가 설립되다. 일찍이 본처인 차병주와 그 처 이신주 양인이 동시에 믿어 이웃에게 전도하니 방응식, 김병린 등이 서로 연이어 주를 믿어 남녀 수십인이 박천읍교회에서 예배하더니 때가 되어 협력연보하여 예배당을 신축하고 교회를 분립하니 당시 순행목사는 양전백이요, 조사는 조덕찬이러라.[331)]

(3) 인덕(仁德)교회(1909): 청용면 소재로 일찍이 본처인 윤익주, 강락옹, 강일고, 김성의 등이 동시에 신도하고 교회에 왕래하더니 신도가 점증함에 예배당을 신축하고 교회를 분립하니라.[332)]

(4) 당동(堂洞)교회(1909): 동이면(東面面) 소재로 임성학이 장로로 장립되어

330) 차재명, 『해방전 북한교회총람』, 185.

331) 차재명, 『조선예수교장로회사기(상권)』, 208-209.

332) 차재명, 『조선예수교장로회사기(상권)』, 209.

당회가 조직되었고, 1940년대 교역자 홍석구이다.[333)]

(5) 동문동(東文洞)교회: 일찍이 본처인 엄병하, 신진곤, 노찬민 등이 협력 전도함에 信徒가 많아진지라. 예배당을 신축하고 교회를 분립하니라.[334)]

이 밖에도 박천면(博川面)의 박천읍교회(1905.3.1.), 송덕(松德)교회, 원남(元南)교회, 청용면(青龍面)의 ○봉(○蜂)교회(1939.2.10.), 동남면(東南面)의 석화(石花)교회(1926), 진석(眞石)교회(1939.2.15.), 맹중(孟中)교회, 양가면(兩嘉面)의 영미(嶺美)교회(1930) 등 8개의 교회가 있었고, 박천군에는 총 13개의 교회가 존재하였다.

3) 구성군(龜城郡)

구성군에는 구성읍(邑)교회(1904. 4.1), 방현면(方峴面)의 ○산(○山)교회, 남시(南市)교회, 노동면(蘆洞面)의 중방(中坊)교회, 청용(青龍)교회, 서산면(西山面)의 서산(西山)교회, 이현면(梨峴面)의 원창(院倉)교회, 진도(眞島)교회 등 8개의 교회가 평동노회 소속 교회로 분류되었다.

---

333) 대한예수교장로회 총회, 『해방전 북한교회총람』, 187.

334) 차재명, 『조선예수교장로회사기(상권)』, 209.

Ⅶ. 선천과 평북지역의 교육사업

한국에서 각 선교부는 국가교육체제의 부재 속에 교회들은 학교를 열었고, 그리스도인들의 자녀뿐만 아니라 비그리스도인들의 자녀들도 교육하여 교회로 들어오도록 하였다. 교회에 의해 설립된 기독교학교들은 성경과 교과서 편찬을 통한 한글보급운동을 펼쳐 한국인들을 문맹으로부터 탈출시켰으며, 선교사들은 신문화운동을 통하여 한국인들을 문명개화시키고자 하였다. 교회와 기독교학교에서의 성경과 한글의 보급은 봉건주의적 유교사회의 인습을 벗어버리도록 하는데 기여하였다. 오랫동안 남존여비 사상으로 인권의 사각지대에 있었던 여성들의 인권을 신장시켰고, 성인들에게 미신타파 운동을 전개하여 조상 때부터 내려오는 미신을 불 태워 버리도록 하였다. 뿐만 아니라, 교회는 기독교 교육을 통하여 금연, 금주 등 절제운동, 신분제도의 철폐운동, 혼례와 장례 등의 구습개혁, 관리들의 가렴주구에 대한 항거 등 신문화운동을 전개하였다.

1. 초등교육

평안북도 지역에 세워진 최초의 초등학교는 의주에 세워진 양실학교였다. 1898년 보고서에 의하면, 이 학교에는 13명이 이듬해에는 17명의 소년들이 등록되어 있는 것으로 보고되었다. 1902년에 선천선교지부 보고서는 17개의 남녀 초등학교가 설립되어 있다고 보고하였다. 선교지부에 소속된 모든 선교사들은 초등학교에서 가르쳤다. 1903년에 열린 의주 사경회는 의주읍에 여자 초등학교를 개설하기로 결정하고 40달러를 약정하였다. 그 학교는 6월 1일에 20명의 학생들을 데리고 개교하였다. 5년 후 그 지역에 선교지부가 개설되었을 때 45개 남자보통학교에 900명의 학생들이 있었고 11개의 여

강계영실학교(자료출처 : 해방전 북한교회총람)

자 보통학교에 255명의 학생들이 있었다.[335)]

1910년대 당시 통계에 의하면 1910년 7월 현재 평북에는 관공립 및 준공립학교가 10개교에 사립학교로는 비종교학교가 280개에 종교학교가 121개 학교로 전체 411개였다. 이 수치는 평남보다는 약간 작지만 서울 경기 황해도 보다 많은 숫자다. 서울의 경우 관공립이 18개 학교, 사립이 일반계 70개교, 종교계 24개교로 112개였고 경기도 역시 관공립 및 준관공립이 19개교, 사립이 일반 136개 종교계가 64개로 219개였으며 황해도의 경우 관공립 및 준공립이 14개 학교 사립 일반이 104개교, 종교계가 182개 학교였다.

평남의 경우 관공립 및 준공립이 10개 학교, 사립이 일반 189개 학교 종교계 254개 학교로 총 453개 학교였다. 이 통계를 통해 우리는 학교가 서북지역에 편중되어 있고 그 중에서 평북 평남 황해도에 집중되어 있는 것을 알 수 있다. 선천에는 신성학교, 선천상업학교, 선천공업학교, 보성여학교 등

---

335) Harry A. Rhodes., *History of the Korea Mission Presbyterian Church U. S. A, Volume I* (1884-1934), 최재건 역, 『미국 북장로교 한국선교회사』, 207.

숭덕학교(자료출처 : 해방전 북한교회총람)

이 있었고, 초등학교는 공립 20개 사립 11개 유치원이 2개가 있었다. 선천의 인구가 평양과 비교할 때 상대적으로 적은 것을 감안하면 평북의 학교는 상당히 높은 편이라 할 수 있다. 학교 수에 있어서 공립학교와 사립학교는 비교가 되지 않았다. 이들 사립학교는 러일전쟁이 일면서 더욱 증가했고 선천의 경우 전국에서 가장 많은 수의 학교가 세워졌다. 이들 학교에서는 신앙심과 민족의식이 결합된 신앙교육이 이루어지고 있었다.

1921년까지 20년 동안 평북지역의 기독교회가 운영한 초등학교 수는 약 90개교였고 학생 수는 약 3천명이었다. 그 후로는 학교 수는 감소했으나 학생 수는 증가하였다. 1931년 통계에서도 학교 수가 47개였고 학생 수는 4천명이었다.[336] 〈조선예수교장로회 사기〉에 기록된 평북지역의 교회들이 설립한 학교들은 다음과 같다.[337]

336) Harry A. Rhodes., *History of the Korea Mission Presbyterian Church U. S. A, Volume I* (1884-1934), 최재건 역, 『미국 북장로교 한국선교회사』, 207.

337) 평북노회사 편찬위원회, 『평북노회사』, 188-190.

학교명	설립교회	설립일자	설립자
명흥학교	철산읍교회	1907	심치규, 장관선
창동학교	삼(○)교회	1907	오희원
삼성학원	화탄교회	1908	엄리선
동명학원	동문교회		
광동학교	영동교회	1909	
상지학교	학암교회	1910	정기정
광성학교	풍천교회		
신흥학교	수부교회		이상백
동일학원	동천교회		최문규
동일학원	용모교회		이형태
일신학교	세평교회		
연수학원	연수교회		
성진학원	차연관교회		최응선
명신학교	선천읍교회		
한성학교	고읍교회		
명신학교	원동교회		
영성학교	고부교회		
숭신학교	가물남교회		
숭신학교	내동교회		김영례
시중학교	숭곡교회		오치은, 대지 1천평, 교실 16칸
경신학교	농건교회	1910	
경신학교	승지교회	1910	전인상
영성학교	고시교회	1910	
신성학교	체마 교회		
양실학교	의주서교회		
신명학교	마전교회		
복성학교	남제교회		
삼광학교	관리교회		
광산학교	정심교회		
양신학교	운천교회		
유신학교	상서교회		
경신학교	산정교회		
삼성학교	낙원교회		
명신학교	운동 교회		
중원학교	당후교회		

학교명	설립교회	설립일자	설립자
승소학교	동상교회		
사숙 설립	천신성교회		
사숙 설립	북평교회		
사숙 설립	당영교회		
사숙 설립	동암교회		
사숙 설립	동유교회		
사숙 설립	남시교회		
축명학교	강계축명교회		
신명학교	벽동읍교회		
신명학교	창성대유동교회	1913	
신성학교	박천읍교회	1908	
대명학교	정주운전교회		
인흥학교	박천읍교회	1909	
인흥학교	만수동교회	1909	

2. 선천 신성학교

1) 신성학교의 설립

선천 선교의 개척자는 휘트모어, 샤록스, 그리고 맥큔 선교사였다. 1898년 미국 예일대학교를 졸업하고 1896년 10월 26일 북장로교 선교사로 내한 한 휘트모어 선교사는 1897년부터 평북지역 일대를 순회여행하며 선교를 시작하였다. 1901년 평북 선천에 선천선교지부를 개척한 후 열정적으로 복음전도를 시작하였다. 그는 선교초기부터 복음전도 뿐만아니라, 한국인들의 문명개화를 위해 미션스쿨을 설립하고 운영하는 일에 큰 관심을 기울였다. 휘트모어는 신실한 동역자였던 의료 선교사 샤록스 역시 교육에 깊은 관심을 갖고 있었다. 이들은 특히 선천지역에서 교육사역에 있어서 한국인 동역자들과 협력하였다. 선천지역 한국인 지도자였던 양전백도 선천지역의 복음화를 위해서는 교육사역이 함께 진행되어야 한다고 생각했다. 휘트모어의 조사로 선천읍 교회에서 활동했던 양전백은 특히 민족애로 충만한 사람이었다. 그는 휘트모어, 샤록스 선교사와 함께 선천지역 근대화를 위해 한국인들을 규합하여 서양식 교육기관인 명신학교를 선천읍교회 옆에 설립하였다.

명신학교가 세워지자, 선천지역의 기독교인들은 자녀들을 입학시켰고, 신지식을 갈망하던 젊은이들이 학교를 찾아왔다. 초등학교 과정이었던 명신학교가 졸업생을 배출하게 되자, 중등학교 과정의 학교 설립의 필요성이 대두되었다. 이미 1901년 선천선교지부가 개설되었을 때, 선천을 비롯한 평안북도지역에서는 평양의 중학교 과정에 10명의 학생이 있었고, 이들 가운데 7명이 학업을 계속하여 학교를 졸업하였다. 1903년부터 1906년까지 4년 동안 평안북도에서 평양으로 온 학생은 각각 9명, 14명, 24명이었다.[338)]

그리하여 1906년 양전백과 지역의 기독교 지도자들은 선천에 중등학교를 설립하기로 결정하였다. 바로 이 학교가 1906년 설립된 선천 신성학교였다. 양전백, 김석창, 노정관 등 선천 기독교 지도자들은 휘트모어 선교사와 협의를 하고 1906년 4월 신입생 26명, 6명의 교사로 학교를 개교했다.[339)] 〈조선예수교장로회 사기(상)〉는 신성학교 창립에 관하여 다름과 같이 기록하고 있다.

> 1905년 선천읍 북교회 안준, 양전백, 김병농 등이 발기하여 남자중학교를 설립하고 석장동 북교회 전도실을 임시 교실로 사용하여 학생을 모집하니 초년생도 30여명이다. 교명을 신성이라 하다. 창립일은 1906년 10월 15일이다.[340)]

이렇게 신성학교는 1906년 가을 석장동에 있던 선천북교회에서 전교생 50

---

338) Harry A. Rhodes., *History of the Korea Mission Presbyterian Church U. S. A, Volume I* (1884-1934), 최재건 역, 『미국 북장로교 한국선교회사』, 208.

339) 박용규, 『강규찬과 산정현교회』, 81.

340) 차재명, 『조선예수교장로회사기(상)』, 224

본관

명의 학생들이 출석한 가운데 시작되었다.

초대교장으로는 9월 1일 휘트모어가 취임하였다. 설립초기에 휘트모어 선교사가 교장직을 맡았지만, 선천의 한국인 기독교 지도자들이 재정을 책임지고 교과목을 가르쳤다. 신성학교를 졸업한 백낙준 박사는 다음과 같이 신성학교 설립의 배경을 설명하고 있다.

> 명신학교(明信學校)에서 졸업생이 나게 되고 또는 주변 각지에서 서당교육을 받은 청년들이 신지식을 목마르게 구하고 있으나 연령 및 기타의 관계로 아동들과 같이 소학교에는 입학 할 수 없는 교회 청년들에게 교육의 길을 개척할 필요가 없었다. 그리고 기독교회의 중심지로 되어 있는 선천에서는 인근 각 군에서 소학교 교육을 마친 소년들이 고급학교(高級學校)에 진학할 길을 열어주어 기독교 교육의 중심지가 되어야 할 사명감과 책임감을 느끼지 아니 할 수 없었다. 그리하여 시내 교회 유지들이 중학교를 설립하기로 합의를 보고 전일(前日) 교인 집회 석장동 가옥을 교사로 정하고 신성중학교를 건립하니 주도 인물은 양전백, 김석창, 노효욱, 이창석, 노정관, 조규찬 등이었다. 당시의 학교 운영 상황과 교과목의 내용과 교원진의 인물을 소구(遡究)할 길이 없으나 1909

년과 1910년에 각 9인 모두 18인의 졸업생을 배출하였다. 모두 한인 신도들이 애국심과 신앙심이 결정이었다.[341]

이렇게 설립된 신성학교의 첫 졸업식은 1909년 6월에 거행되었다. 9명을 배출한 첫 졸업식은 매우 특이하게 진행되었다. 졸업생들은 교복이나 가운을 입지 않고 우리나라 고유의 두루마기를 입고 참석하였다. 이 같은 장면은 초대 교장이었던 휘트모어와 매큔을 비롯한 선교사들과 신성학교를 통하여 민족지도자들을 배출하고자 했던 양전백을 비롯한 한국인 지도자들의 영향 때문이다. 졸업생들은 식이 끝난 후 교사들과 함께 각각 말을 타고 시내를 행진했다. 시내 행진은 졸업생들이 선두에 나서고 그 뒤를 교사들이 따랐다. 길가에 나온 시민들은 이들을 구경하면서 이들의 미래를 축복해 주었다.[342]

2) 신성학교의 발전

신성학교는 처음에 한국인 기독교 지도자들에 의해 지역의 인재양성을 위하여 중등교육기관으로 세워졌다. 그러나 얼마 후 선천지역에 미션스쿨의 설립의 필요성을 느낀 선천선교지부와 미국 선교본부의 지원으로 신성학교는 미션스쿨로 바뀌었다. 1909년 미국북장로회 선교부는 조지 매큔 선교사를 선천지역 교육담당 선교사로 파송하여 신성학교를 미션스쿨로 운영하도록 하였다.

1909년 맥큔이 선천으로 이임하여 교장에 부임하면서 신성학교는 내적으로나 외적으로 급격히 발전하였다. 그는 1905년 내한하여 평양 숭실학교에서 4년동안 베어드 선교사와 함께 교육사역에 종사하였었다. 초대 교장 휘트모어 선교사에 이어 파크대학 출신인 맥큔이 교장으로 부임한 것은 선천

341) 백낙준, "成立背景과 初期史略", 『神聖學校史』 4-5;박용규, 『강규찬과 산정현교회』, 81-82에서 재인용.

342) 신성학교 동창회 편, 『신성학교사』, 46-7;박용규, 『강규찬과 산정현교회』, 82.

지역교회로서는 하나님의 커다란 축복이었다. 이 두 선교사는 한국교회사 속에서 다른 선교사들에 비해 덜 알려져 있지만 특히 한국의 교육분야 선교에 커다란 영향을 끼쳤다. 초대 교장 휘트모어가 선천지역의 교육을 토대를 놓았다면 매큔의 부임은 이 토대 위에 꽃을 피우는 격이었다.[343] 신성학교 출신의 백낙준은 맥큔의 신성학교 부임의 의미를 다음과 같이 평가하였다.

> 윤산온이 선천에 정착하고 학교장이 되는 동시에 대륙 산하에 광활한 교지를 매입하고 교감 사락수는 2층 내양외한(內洋外韓) 개량식 교사와 삼동의 기숙사와 일동의 창고를 건축하여 교세를 일신하였다. 사락수 교감의 노력은 기숙사에 전용 수도까지 설치하였다. 신성학교는 평북일대의 독특한 근대 문명 기관이요, 신흥 청년의 수도장이었다. 그리하여 주권자로 신도(新到)한 일제의 주목과 증오의 대상이 되었다. 교회 교육 사업이 중등학교 교육에 도달하게 될 때에 평양을 위시하여 교육정책과 학교 운영 방식을 미국 미조리주 Park College Plan을 채용한 것이 특색이었다. 소위 Park College Plan은 3H(Head, Heart, Hand) 교육, 즉 지·덕·공(知·德·工)의 집성교육이다. 각 학교 간에 이 교육방침의 채택정도와 운영의 차이는 있으나 농업경제 생활을 벗어나지 못하였던 우리 사회실정 하에 실질 교육의 목적 구현을 위하여는 필요한 교육방침이었다.[344]

교장에 부임한 맥큔은 학교 부지를 매입하교 교사를 신축하여 신성학교를 서북지역의 기독교학교의 중심지요, 민족운동의 요람으로 만들었다. 1908년 선천읍내의 유력인사들이 선천읍 천북동(川北洞)의 대산목록 성황당 기지와 산림을 기부하였다. 이에 맥큔과 선천지부의 선교사들은 1909년에 대목

---

343) 박용규, 『강규찬과 산정현교회』, 87.

344) 백낙준, "成立背景과 初期史略", 『神聖學校史』. 6;박용규, 『강규찬과 산정현교회』, 87에서 재인용.

기숙사(구관)

산록 황지 수만 평 산림을 1전 5환씩의 저렴한 가격으로 매입하여 일부는 서양인촌을 형성하고 일부는 신성학교 교지로 나머지는 보성학교 교지로 사용하였다.[345)] 신성학교는 이 땅 위에 1909년 7월 목조 2층 교사 1동, 단층 기숙사 4동과 연와조 2층 기숙사 1동을 신축하고 그해 9월 신교사로 이전하였다. 이 때 건립된 기숙사는 미국 캐롤라인 여사의 헌금으로 건립되어 캐롤라인 홀이라고 불렀다. 신성학교는 강의동과 기숙사가 완비됨에 따라 사립학교로서의 틀을 갖추었다.[346)]

이어 미국 휴 오닐 부인으로부터 발전기금 15,000달러를 기부 받아 학교 발전의 새로운 전기를 마련하였다.[347)] 이에 대하여 로즈는 다음과 같이 기

---

345) 신성학교 동창회편, 『신성학교 100 년사』, 66

346) Harry A. Rhodes, *History of the Korea Mission*, Presby Chuch U.S.A. Volume Ⅰ(1884-1934), 213.

347) 박용규, 『강규찬과 산정현교회』, 86.

캐롤린홀(새 기숙사)

록하고 있다.

> 재한 미국 북장로교회 선교단은 선천에 중등하교 설립 방침을 수립하고 교육 담당 선교사 윤산온을 선천중학교 책임자로 파송하였다. 이와 동시에 미국 북장로회 선교본부에서는 미국 자선사업가 휴 오닐(Hugh O'Neil) 부인에게서 그 망자(亡子)의 기념학교 설립기금 15,000불을 기부 받아 신성학교의 중흥에 제공하였다. 이로써 한인교회 지도자들이 경영하던 신성중학교는 재한 미국 북장로교 선교단에 이관되어 미션스쿨이 되었다.[348)]

그 해 여름에는 오닐 부인의 기부금으로 교육관이 세워졌고, 이 교육관은 휴 오닐 주니어 아카데미(Hugh O'Neil Jr. Academy)라고 명명되었다. 1909년 9

348) 백낙준, "成立背景과 初期史略", 『神聖學校史』, 5; Harry A. Rhodes, *History of the Korea Mission*, Presby Chuch U.S.A. Volume Ⅰ(1884-1934) 199를 참조하라;박용규, 『강규찬과 산정현교회』, 86에서 재인용.

윤산온 교장

강당

월 2일에 약 100명의 등록학생으로 개교하였다. 1914년 오닐 부인이 추가로 2만 달러를 기부하였다. 그것으로 기숙사를 두 배로 늘리고 학교 교정과 시설과 기본재산을 늘리고 가게용 건물을 세우고 급수와 배수 시설을 마련할 수 있게 되었다.[349)]

조지 맥큔이 신성학교의 교장에 부임한 후 선천의 신성학교는 미국 파크 대학의 교육이념을 도입했다. 맥큔이 파크 대학 졸업생이었고, 그의 아내 헬

349) Harry A. Rhodes., *History of the Korea Mission Presbyterian Church U. S. A, Volume I* (1884-1934), 최재건 역, 『미국 북장로교 한국선교회사』, 208.

렌 맥카피(Helen McAfee)는 미국 북장로교의 저명한 선교지도자이자 파크대학의 설립자인 맥카피(C. B. McAfee)의 외동딸이었다. 뿐만아니라, 신성학교 설립시에 교감으로 신성학교 교사 건축을 감독한 샤록수도 파크 대학 졸업생이었다. 이런 이유로 신성학교는 이념적으로나 실제적으로 "파크대학 교육체제의 도입과 운영에 표본이 되었다."[350] 특히 파크대학은 실용주의적 교육이념을 바탕으로 학교 내에 학생들의 자조를 위해 산업부를 두었는데, 맥큔은 신성학교에도 산업부를 두어 학생들의 자조를 도왔다. 맥큔이 교장에 부임한 1909년에 신성학교의 산업부는 26명의 학생들에게 일감을 제공하였다. 1914년에는 켐벨(E. L. Campbel) 선교사가 산업부의 사역을 후원하기 위해 선천에 왔다. 그 때 신성학교에 등록한 학생 수는 200명에 달하였다. 당시 신성학교의 산업부는 평양의 숭실학교가 운영하는 산업부를 제외하고 선교회 내에서 가장 크게 운영되고 있었다. 로즈에 따르면, 1915년부터 1916년 동안 산업부에는 93명의 학생들이 목공, 금속 세공, 농업, 작농, 돼지사육, 일반 작업, 관리인과 비서직의 일을 받았다. 그들은 하루 한나절씩 전체학생이 거의 1만일을 일하였고 700달러 이상을 벌었다. 켐벨은 신성학교의 영어와 다른 과목의 교사로도 활동하였고, 산업부가 운영하는 가게들을 통해 그 학교와 계속 관련을 맺었다. 그는 나중에 1930년 두 번째 안식년을 가질 때까지 산업부의 회계로 활동하였다.[351]

3) 신성학교 교사진과 역대 교장

신성학교는 1906년 설립 당시 3년제로 시작하였다. 그러나 1910년부터

---

350) 백낙준, "成立背景과 初期史略", 『神聖學校史』, 6; 박용규, 「강규찬과 평양산정현교회」, 88

351) Harry A. Rhodes., *History of the Korea Mission Presbyterian Church U. S. A, Volume I* (1884-1934), 최재건 역, 『미국 북장로교 한국선교회사』, 209. 그들이 생산한 품목들 중에는 우유 8,000커트, 버터 100파운드, 치즈 130파운드, 돼지고기 300파운드, 햄 500파운드, 라드 100파운드가 있었다. 소년들은 쌀 600자루를 탈곡했고 장작 50단을 쌓았으며 돌 7천 더미를 날랐고 개천 1000피트를 팠다.

학제를 4년제로 바꾸었다. 학교가 설립될 초기에 미션스쿨은 교사의 자격을 기독교인으로 제한하여 자격을 갖춘 우수한 교사를 구하기가 쉽지 않았다. 신성학교의 교사진도 예외는 아니었는데, 교사진은 주로 평양의 숭실학교 졸업생이거나 일본유학을 마치고 돌아온 사람들로 구성되었다.[352] 신성학교 출신의 백낙준 박사는 자신이 재학하던 시절 신성학교 교사진에 대해 다음과 같이 말하였다.

> 필자의 재학시대의 신학문 교사는 주로 숭실중학과 일본 유학생들이 섞여 있었다. 물리 화학 국문법은 숭실중학 졸업생이던 곽태종, 수학과 기하학은 선우혁, 성경은 홍성익, 길진형이었다. 한문과 작문은 강규찬, 일어에 임경업, 법학통론에 최용화, 체조에 신효범, 구약사와 부기에 윤산온, 시무처 총무 장리욱이었다.[353]

위 글에 의하면, 백낙준 박사가 재학 중이던 1910년부터 1913년경 신성학교 교사진으로는 교장에 휘트모어, 교감에 샤록수 박사가 수고하였다. 교사는 안준, 선우혁, 강규찬, 곽태종, 홍성익, 신효범, 장리욱이었다. 샤록수는 생리와 위생과목을 가르쳤고 황은선은 성경, 안준은 한문, 선우혁은 수학과 기하학, 강규찬은 한문과 작문, 곽태종은 물리 화학 국문법 경제 역사, 홍성익은 성경 신효범은 체조를 담당했고, 장리욱은 총무처장을 맡았다.[354] 이들 가운데 선우혁은 평양 숭실중학교 출신으로 1919년 3.1운동 당시 서북지역의 만세운동을 주도했던 인물이다. 선우혁 이외에도 숭실중학 출신 인물들로는 강규찬, 길진형 등이 있었다. 신성학교 교사진에 참여한 인물들은 당시

---

352) 박용규, 「강규찬과 산정현교회」, 88.

353) 백낙준, "成立背景과 初期史略", 『神聖學校史』. 7;박용규, 『강규찬과 산정현교회』, 88에서 재인용.

354) 박용규, 『강규찬과 산정현교회』, 89.

신성학교 교사들

로서는 선택된 사람들이었지만 교육환경은 열악했다. 학생들은 배움에 대한 열망이 대단했지만 교수진이 부족했고 교과과정도 체계적이지 못했으며 교과서도 턱없이 부족했다.[355)]

신성학교의 역대교장들로 초대 교장으로 휘트모어가 수고하였고, 제 2대 교장으로는 맥큔이 수고하였다. 맥큔박사 부부는 선천선교지부와 신성학교에서 12년을 보낸 후 1921년 미국으로 돌아가야 했다. 맥큔 박사가 1913년과 1914년 잠시 안식년을 보내는 동안 램프 박사가 잠시 교장으로 수고했다. 맥큔 박사가 미국으로 돌아간 후 1921년 휘트모어 선교사가 다시 교장이 되었나. 그러나 휘트모어도 건강 때문에 1924년 5월 미국으로 돌아갔다. 그 후 강계에 있던 호프만이 선천으로 와 1928년까지 4년 동안 교장으로 있었다. 그 때 장리욱이 미국 유학을 마치고 귀국하여 교장이 되었다. 호프만은 성경과

355) 박용규, 「강규찬과 산정현교회」, 91.

영어교사로서 그 학교와 연계되어 있었으며 이사회의 일원으로 일했다.[356)]

교장에 취임한 장리욱은 학교가 새 시대로 들어가도록 후원하는 일에 선교사들, 한국인들, 정부의 협력을 받아내는데 온 힘을 기울였다. 그래서 신성학교는 1932년 3월 16일 총독부 교육부로부터 고등보통학교에 상응하는 '지정'을 받았다. 1931년 그 학교에 등록된 학생은 약 450명이며, 그들 중 40퍼센트가 이미 세례 혹은 학습을 받은 자들이었다. 그 해까지 생존해 있는 졸업생 350명 중에 12명이 이미 안수 받아 목회를 하고 있고, 다섯 명이 조사와 전도사로 활동하고 있으며 30명이 기독교학교 선생이고 14명이 의학교 학생이다.[357)] 선천의 신성학교는 1942년도 세계 2차 대전으로 북미재단이 동결되고 신사 참배 문제로 선교사들이 은퇴하므로 일금 2만원에 평북, 용천, 의산 3노회가 인수하여 경영하였다. 그러나 1943년 선천읍내에 거주하던 대지주 오필은 씨가 경영권을 인수하고 사재로서 재단법인을 구성하고 일금 30만원을 희사하고 이사장에 취임하였다.[358)]

---

356) Harry A. Rhodes., *History of the Korea Mission Presbyterian Church U. S. A, Volume I* (1884-1934), 최재건 역, 『미국 북장로교 한국선교회사』, 209.

357) Harry A. Rhodes., *History of the Korea Mission Presbyterian Church U. S. A, Volume I* (1884-1934), 최재건 역, 『미국 북장로교 한국선교회사』, 210.

358) Harry A. Rhodes., *History of the Korea Mission Presbyterian Church U. S. A, Volume I* (1884-1934), 최재건 역, 『미국 북장로교 한국선교회사』, 210.

Ⅷ. 교회의 수난

1. 러일 전쟁과 교회의 피해

1904년에 일어난 러일전쟁은 1895년이 일어났던 청일전쟁에 이어 또 다시 한반도의 북쪽지역을 전쟁의 참화로 몰아넣었다. 전쟁이 시작되자 먼저 한반도에 러시아 군인들이 들어오고 다음으로 일본 군인들이 왔다. 특히 외국군대들이 들어오고 일본이 최대한 빨리 철도를 부설할 것을 요구해오자 선교기지의 관할 지역에 있는 모든 사람들의 삶이 혼란에 빠졌다. 기독교인들을 포함하여 한국인들이 큰 길을 따라 뿔뿔이 산으로 도망쳤다.[359)]

러일전쟁은 평안북도 지역의 한국인들과 교회들은 많은 피해를 입었다. 의주에서는 러시아군과 일본군이 충돌하는 과정에서 18채로 이루어진 한 마을이 완전히 파괴되었다. 당시 그 마을에 있던 두 기독교 가정은 각각 1천 달러에 상응하는 재산상의 손실을 입기도 하였다. 의주의 예배당은 본래 선교부의 기금으로 구입되어 의주를 방문한 선교사들의 숙소로 사용되어 왔었다. 그 건물이 청일 전쟁 때 피해를 입자 기독교인들이 이를 보수한 다음에 교회 건물로 사용했으며 몇 차례에 걸쳐 증축하였다. 그 건물은 러시아군에 의해 막사와 마굿간으로 사용되었고, 다음에는 일본군에 의해 마굿간으로 사용되었다.[360)] 박천의 새 예배당은 일본군에 의해 마구간으로 사용되었고, 정주교회는 일본군 부상병을 위한 병동으로 점령되었다. 또한 선천에서는 주둔한 코사크 군인들이 동림 교회를 점유하고 있으면서 약탈을 자행함으로 그 지역의 비기독교인 주민들이 예배당을 불태웠다. 선천읍에 있는

359) Harry A. Rhodes., *History of the Korea Mission Presbyterian Church U. S. A, Volume I* (1884-1934), 최재건 역, 『미국 북장로교 한국선교회사』, 214.

360) Harry A. Rhodes., *History of the Korea Mission Presbyterian Church U. S. A, Volume I* (1884-1934), 최재건 역, 『미국 북장로교 한국선교회사』, 214.

거의 모든 한국인의 집들이 한 달 이상 일본 군대에 의해 사용되었다. 미국 성조기가 선교기지 구내에 계속 걸려 있고 선교사들이 이곳에 존재하고 있는 사실만으로도 한국 기독교인들은 큰 힘을 얻어 전쟁의 공포와 고통을 이겨 낼 수 있었다. 샤록스 박사와 컨스는 전쟁 통신을 중국 요양과 평양 사이에 빠르게 전하는 밀사업무를 관리했다. 그 밀사들은 한국 기독교인들이었는데 그들 중에는 많은 사람들이 놀랄만한 신속성과 신뢰성을 보여 주었다.[361] 한편 일본 군대가 진주하면서 노동력 품귀현상이 일어나 일시적으로 고임금이 형성되자 한국교인들 가운데 일부의 남자들과 소년들이 교회에서 이탈하기도 하였다.

이처럼 교회는 전쟁의 와중에서 상당한 수난을 겪었음에도 불구하고 오히려 전쟁으로 인해 새로운 계기를 마련하였다. 전쟁이 벌어지는 와중에서도 선교지부에 게양된 미국의 성조기는 교인들뿐만 아니라 비기독교인들에게도 커다란 심리적 안정감을 주었다. 따라서 성조기로 상징되는 미국선교사들은 한국인들로부터 놀라운 신뢰를 얻을 수 있었고[362] 이것이 바로 교회 발전의 주요한 계기가 되었다. 한편 러일전쟁 이후 경의선이 선천을 통과하게 됨으로써 선천은 일약 '신흥도시'로 발전하였고, 선천지부의 교세는 가속화 될 수 있었다.

2. 105인 사건과 평북기독교

1) 105인 사건의 발단

일제는 1910년 한국을 강제 합병한 후 민족주의 성향이 강한 기독교 세력을 제거할 필요성을 느끼고, 기회를 엿보다 이른바 '105인 사건'을 일으켰

---

361) Harry A. Rhodes., *History of the Korea Mission Presbyterian Church U. S. A, Volume I* (1884-1934), 최재건 역, 『미국 북장로교 한국선교회사』, 214-215.

362) Annual Report of Korea Mission, Presbyterian Church. U.S.A, 1905. 253.

다. 이 사건은 일제가 배일사상으로 한국인들에게 영향을 지고 있는 서북지역의 기독교 지도자들과 선교사들을 제거하려고 꾸민 것이다.[363] 일제는 서북지역 가운데서도 선천의 신성학교를 배일사상과 민족운동의 본거지로 보고 학생들과 교사들을 특별히 의심하였다. 마침내 일제는 1911년 10월 12일에 신성학교 학생 세 명을 체포하고, 2주 후에는 신성학교의 모든 교사들과 다수의 학생들을 체포하였다. 일제는 여기서 그치지 않고 신성학교를 필두로 선천남교회와 선천북교회의 직원, 철산, 정주, 용천, 의주 등 평북의 여러 군에 있는 교인들 100여명을 체포하여 경성감옥에 감금하였다.[364] 그들이 체포된 이유는 테라우치 총독이 1910년 10월 28일에 선천을 지나가기로 예정되어 있었는데, 신성학교 안에서 그를 암살하려는 음모가 계획되었다는 것이었다. 신성학교 출신의 백낙준은 105인 사건과 신성학교와의 관계에 대하여 다음과 같이 증언하였다.

> 사내(寺內)가 1911년 11월 하순에 압록강 철교 개통식에 내왕할 때에 신성학교 교사와 학생들이 선천역두에서 사내를 암살하려다가 미수하였다는 날조사건이다. 1911년 10월에 교원 7인, 학생 20명을 구속하여 서울에 압송하더니 계속하여 3,40의 학생과 다수의 선천교회 지도자들을 검거하였다. 악형과 고문으로 살상자를 내면서 자백을 받아내고 형식적 재판에 붙여 105인에게 중형을 선고하였다가 세계적 여론에 쫓기어 주모자라는 6명만을 협의자로 유죄선고하고 기여 99인을 무죄 백방한 사건이 있었다. 이때에 신성학교는 일시 폐교할 수밖에 없었고 교장 윤산온도 이 사건의 교사자(教唆者)로 되어서 추방을 당할 우려도 있었다. 그러나 신성학교는 이 시련에서 일제의 날조를 폭로하고 승리를 거두었다.[365]

363) 신성학교 동창회 편, 『신성학교사』(서울: 신성학교 동창회, 1980), 11.

364) 윤경로, 『105인 사건과 신민회 연구』(서울: 일지사, 1990), 18-36.

365) 윤경로, 『105인 사건과 신민회 연구』, 11;박용규, 『김규친과 산정현교회』, 97에서 재인용.

일제는 1905년 을사늑약으로 한국의 외교권을 박탈하고 군대를 강제해산하였다. 해산된 후 뜻 있는 군인들이 의병을 일으켜 전국방방 곳곳에서 항일투쟁을 시도하였다. 그러나 일제의 무자비한 소탕작전으로 민간인 피해가 속출하자 의병들은 어쩔 수 없이 투쟁의 장소를 만주로 이전할 수밖에 없었고, 국내에는 더 이상 일제에 저항할 수 있는 세력이 없었다. 이 때 서양선교사들에 의해 전파된 기독교회가 급속히 성장하기 시작하였고, 민족독립을 꿈꾸는 젊은이들과 민족지도자들이 교회공동체로 몰려들었다. 이에 일제는 한국 기독교가 식민지배의 장애가 된다고 판단했다. 특별히 서북지역 선교의 중심지인 선천은 기독교선교의 중심지였고, 대표적 교육기관으로 기독교 교육의 결정체라 할 수 있는 선천신성학교는 일제의 말살 대상이었다. 따라서 일제는 105인 사건을 통해 민족의식을 고취하고 민족독립운동에 참여하는 교사들이 재직하는 신성학교를 탄압하였다. 그리고 이들 교사들의 사상적 배후 조직으로 안창호가 만든 비밀결사체인 신민회를 제거하고자 했다.[366]

2) 105인 사건과 평북기독교, 그리고 신성학교

신민회는 을사늑약 이후 1906년경에 도산 안창호를 중심으로 전덕기, 이승훈, 안태국, 이동휘 등 기독교 지도자들이 조직한 비밀결사단체이다. 이 기독교 지도자들은 을사늑약으로 국권을 빼앗긴 우리민족의 의식을 일깨우고, 민족의 실력을 양성 한 뒤 국권을 회복하려는 의도로 신민회를 조직하였다.[367] 신민회는 전국적으로 약 800명의 회원을 거느린 조직으로 어느 지역

366) 박용규, 『강규찬과 산정현교회』, 98.

367) 신용하, 『한국민족독립운동사연구』(서울:은유문화사, 1986), 18-19. 신민회의 초대 중앙위원은 총감독 양기탁, 총서기 이동녕, 재무 전덕기, 집행원 안창호였고, 서울 총감은 전덕기, 평북총감 이승훈, 평남총감 안태국, 황해총감 김구, 함경총감 이동휘, 경상대표 김진호, 충청대표 최익, 강원대표 주진수, 기타대표 김도희, 본부직원 임치저(대한매일신보 영업국장), 김홍숙, 신민회언론 기관으로는 대한내일신보였다. 신민회는 양기탁을 중심

보다도 서북지역의 활동이 가장 활발했고, 그 중심에 오산학교의 설립자인 남강 이승훈이 있었다. 1907년 2월 20일 미국에서 귀국한 안창호가 서울지역에서 1 개월간의 귀국강연회를 마친 후 서북지역에 순회강연회를 가졌는데 이 때 안창호와 이승훈은 역사적인 만남을 가졌다.[368] 이후 이승훈은 서북지방에 신민회를 조직하고 확장하는 일에 전력을 다하였고, 평북에는 이승훈, 평남에는 안태국, 황해도에는 김구, 함경도에는 이동휘가 신민회 조직의 책임을 맡게 되었다.[369]

평북지역 신민회 책임을 맡은 이승훈은 선천과 정주를 중심으로 의주, 곽산, 철산, 용천 등지에 신민회 평북지회를 설립하였다. 이승훈은 평북지방과 서북지역의 대표적인 토착 자본가들과 상공업자들인 양준명, 이용화, 오희원, 황국보, 이명룡 등을 신민회에 가입시켰다. 또한 선천의 신성학교와 정주의 가명학교의 곽태종, 선우혁, 차균설, 임경업, 강규찬 등 영향력이 있는 교사들과 이들의 영향을 받은 우수한 학생들을 신민회에 대거 참여시켰다. 그러나 이승훈은 1911년 1월 일제가 안중근의 동생인 안명근을 군자금 모집혐의로 체포한 안악 사건에 연루되어 제주도로 유배되면서 신민회 활동을 중단하게 되었다.[370]

이후 선천지역과 평북지역의 신민회는 양준명과 이용화가 공동대리인으로 이끌었다. 이 두 사람은 신성학교 뒤편 개천에서 신민회 회원들과 함께 회합을 갖고, 자신들이 공동책임자로 임명 받은 사실을 동지들에게 알리고 참석자들에게 신민회를 위해 진력해 줄 것을 부탁했다. 이 때 이용혁, 곽태종,

---

으로 대한매일신보, 전덕기를 중심으로 한 상동교회와 청년학원, 이동휘와 유동열을 중심으로 한 무관출신, 이승훈과 안태국을 중심으로 한 평안도 실업가와 민족자본, 안창호를 중심으로 한 미주 교포의 공립협회 등 다섯 세력이 축이 되었다.

368) 윤경로, "신민회와 남강의 경제활동 연구", 남강 이승훈과 민족운동 남강문화재단 편(서울:남강문화재단출판부, 1988), 85.

369) 윤경로, "신민회와 남강의 경제활동 연구", 91. : 박용규, 「강규찬과 산정현교회」, 99.

370) 박용규, 『강규찬과 산정현교회』, 100

선우혁, 차균설, 김일준, 최덕윤, 김익겸, 강규찬, 노창권, 안준, 홍성익, 양전백, 이정순, 박찬림 등을 여러 명이 포함한 참석하였다. 이들은 모두 당시 선천과 평북지역의 유력인사들로 평북지역 신민회의 평의원들이었다.[371)]

이렇게 신민회를 중심으로 기독교 지도자들이 민족의식을 고취하고, 민족운동을 전개하자, 일제는 소위 안명근 사건을 일으켜 황해도 일대의 기독교 지도자를 제거한 후, 안창호, 전덕기, 이승훈, 안태국, 이동휘 등이 중심이 되어 만든 강력한 항일단체인 신민회를 와해시키고자 하였다. 뿐만 아니라, 일제는 미션스쿨의 교육을 통하여 배일사상을 고취시키고 있다고 여겨지는 선천의 신성학교, 정주의 오산학교, 평양의 숭실학교 등 기독교 학교들을 탄압하고, 서북 출신 기독교 지도자들을 제거하고자 하였다.[372)] 김양선은 일제가 서북지역의 기독교 학교들과 지도자들을 탄압한 이유에 대해 다음과 같이 말하였다.

> 신민회의 조직은 일본의 침략이 절정에 달했을 때 이루어졌으므로 회원은 애국사상이 강한 사람으로서 엄밀히 선출되었고 치밀한 조직을 세워 2명 이상 서로 알지 못하게 하였고 회원의 생명과 재산은 회의 명령에 절대 복종하는 강력한 비밀결사로 한국 유일의 독립운동단체였다. 신민회계의 평양 대성학교와 정주 오산학교는 애당초 항일독립운동을 목적하고 세운학교였고, 평양숭실학교와 선천 신성학교는 기독교 학교 중에서 배일사상이 가장 강한 학교였다. 그리고 평양 정주 선천 교회들은 민족운동의 본거지로 알려졌다. 안창호는 평양에서 이승훈은 정주에서 양전백은 선천에서 솥발같이 서서 강력한 민족운동을 전개하고 있었다. 일본 경찰은 한국 통치의 암적 존재인 기독교 세력을 삼제(芟除)해 버릴 계획을 세웠다.[373)]

---

371) 윤경로, “신민회와 남강의 경제활동 연구”, 93;박용규, 『강규찬과 산정현교회』, 100.
372) 김양선, 『韓國基督教史研究』(서울:기독교문사, 1980), 104.
373) 김양선, 『韓國基督教史研究』, 104;박용규, 『강규찬과 산정현교회』, 101에서 재인용.

105인 사건 당시 체포 호송되는 기독교인

김양선의 증언에 의하면, 서북지역에 세워진 민족주의 계열의 대성학교와 오산학교는 항일독립운동을 위해 세워졌고, 기독교 학교들은 민족운동의 본거지였다는 것이다. 그리하여 일제는 식민 지배를 방해하는 기독교세력을 제거해야 할 암적 존재로 판단했다는 사실이다. 따라서 일제는 이들 서북지역의 민족운동 세력과 기독교세력을 일거에 제거하기 위해 소위 105인 사건이라 명명된 총독 데라우치 살해 음모사건을 일으켰던 것이다.[374] 일제는 더 나아가 이 음모사건에 서북지역에서 선교활동을 하던 외국인 선교사들이 연류 되었다고 주장하였다. 이들은 서북지역의 기독교 지도자들이 선교사들의 사주를 받아 1910년 음력 8월에 암살계획을 세웠고, 이들은 양력

---

374) 박용규, 『강규찬과 산정현교회』, 102. 이들이 조작한 음모 사건의 핵심 내용은 다음과 같다. 데라우치 총독이 압록강 철교 개통식 축하를 하기 위해 서순(西巡)을 한다는 소문이 1910년 음력 8월에 돌았고, 이 소식을 접한 신민회 중앙 간부 윤치호, 양기탁, 안태국, 이승훈, 옥관빈 등이 서대문 임치정 집에 모여 수차의 밀회를 갖고 총독 암살 모의를 했다는 것이다. 총독이 서순할 때 배일사상이 강한 사람들을 경의선 연변의 8개 도시, 평양, 선천, 정주, 남정청, 곽산, 철산, 차련건, 신의주 역전에 환영객을 가장하여 내보내 총독을 암살하려 했다는 것이다.

12월 26-28일 사이에 선천, 신의주 등에서 총독 환영객을 가장하여 암살하고자 했으나 경찰의 삼엄한 경계로 실패하였다는 것이다. 일제는 이러한 사실을 경무총감부 경시 구니토모(國友尙謙)가 알게 되었고, 그 진위를 파악하기 위해 조사하던 중 선천의 신성학교 교장 매큔과 평양의 숭실학교 교장 베어드, 교사 스왈른 등이 배후에서 사주했다는 정보를 접하였다고 주장했다. 하지만 이 모든 시나리오는 한마디로 날조된 것이었다.[375]

1911년 10월 일제는 신성학교 다수의 학생들과 교사들을 체포하고, 평북지역을 비롯한 기독교 지도자들을 구금하기 시작하였다. 체포된 이들 가운데에는 윤치호, 양기탁, 이승훈, 양전백, 이명룡, 김동원, 안태국, 유동열, 옥관빈, 최성주, 차이석, 강규찬, 이춘섭, 정익노, 홍성익, 장관천, 백일진 등 다수의 민족지도자와 기독교 지도자들이 포함되었다. 특히 기독교 인사들로는 목사 6명, 장로 50명 집사 80명을 포함하여 서북지역의 기독교 지도자 500명을 검거 투옥하였다. 일제는 이들 중 혐의가 있다고 판단되는 123명을 기소하고, 그 중에서 105인을 재판에 회부하였다. 그러나 국제사회에 날조조작되었다는 사실이 알려지면서 대다수의 사람들이 무죄로 석방되고 최종적으로 윤치호, 양기탁, 양전백 등 6명만이 실형을 언도받았다. 서북지역의 많은 기독교 지도자들과 교인들이 감옥에 투옥되어 고통을 당하였다. 당시 평북노회에서는 목사 5인과 장로 1인, 그리고 교인들이 수감되었고, 평양노회에서는 장로 5인과 영수 1인, 그리고 교인 몇 명이 수감되었다.[376] 특히 당시 평안북도 지역의 교회의 지도자이며 선천읍교회 담임목사였던 양전백은 105인 사건으로 인해 3년간의 옥고를 치렀다. 그렇지만 대다수 교회지도자들이 감옥에 있는 동안 새로운 지도자들이 나타나 교회를 발전시켜 나갔다. 그 결과 이 지역의 교회는 계속 성장하였다.[377]

---

375) 박용규, 『강규찬과 산정현교회』, 102.

376) 『대한예수교장로회 제1회 총회록』, 46-50.

377) 서명원, 『한국교회성장사』(서울:기독교서회, 1966), 169.

3) 105인 사건의 의의

105인 사건은 한국기독교사와 민족운동사에 몇 가지 중요한 함의를 지니고 있다. 첫째로 일제가 국내의 민족운동 세력의 본거지로 한국의 교회와 그 지도자들을 지목하고 대대적인 탄압을 시도했다는 사실은 이제 막 시작한 한국의 신생교회가 민족의 고난과 질곡을 함께 지고 갔던 민족교회였다는 점을 보여준다. 둘째로 주목해야 할 점은 105인 사건과 서북지역 장로교회와의 밀접한 관련성이다. 105인 사건으로 체포되거나 옥고를 치렀던 대다수의 사람들의 절대다수가 서북지역의 장로교 신자들이었다. 기소된 123명 가운데 기독교인은 98명이었고, 그 가운데 장로교인인 89명, 감리교인이 6명이었으며, 기타교파가 2명이었다. 더 놀라운 사실은 이들 89명의 장로교인 가운데 단 1명을 제외하고는 모두가 선천과 평양 출신이었다는 점이다. 셋째로 일제는 한국인들의 민족운동의 배후에 선교사들이 있다고 보고, 특히 평양과 선천 등 서북지역에 주재하고 있는 장로교 선교사들과 연계시키려 했다. 일제는 선천지역과 평북지역의 대표적인 선교사인 휘트모어, 선천 신성학교 교장 조지 맥큔과 교감 샤록스, 평양지역에서는 평양선교를 개척한 마포삼열, 숭실학교 교장 베어드, 교사 스왈른을 그 배후인물로 지적하였다는 사실이 이를 잘 증명한다.[378)]

넷째로 서북지역 가운데서도 평북의 선천지역의 교회지도자들과 교인들이 가장 큰 어려움을 당했다는 사실이다. 105인 사건으로 기소된 123명을 출신 군별로 분류해보면, 선천지역 출신이 가장 많았다. 서울 출신 5명을 제외하고 모두가 선천이 46명이었고, 정주가 6명, 내청정이 24명, 철산이 4명, 곽산이 4명, 의주가 3명, 용천이 2명, 평양이 27명, 황해도 신천이 2명 이었다. 이를 다시 도별로 분류하면, 평북 89명, 평남 27명, 황해도 2명 등 전체 123

---

378) 박용규, 『강규찬과 산정현교회』, 105.

명 중 118명이 서북지역 출신들이다.[379] 이는 1911년 105인 사건 당시 평북의 선천 지역은 어느 지역보다 민족의식이 강했으며, 특히 휘트모어 선교사와 양전백을 비롯한 선천의 기독교 유지들에 의해 세워진 선천 신성학교는 배일사상과 민족운동의 요람지였다는 사실을 보여준다.

3. 삼일운동과 평북기독교

1) 삼일운동의 역사적 배경

선교초기 한국기독교는 애국충군의 종교로 인식되었고, 일제에 의해 국권이 상실되자 국권회복과 민족운동을 활발히 전개하였다. 이러한 운동 가운데 1919년에 일어난 삼일운동은 한국기독교가 민족의 독립을 위해 보여준 가장 대표적인 운동이었다. 뿐만 아니라, 삼일운동은 남녀노소를 막론하고 전국적으로 일어난 다중적이고 다발적인 만세시위 운동이었으며, 1910년대 말 항일민족운동의 총결집이며 한국근대사의 금자탑이었다.[380] 비록 삼일운동은 일제의 무자비한 탄압으로 실패하지만, 이후 상해 임시정부 수립운동, 해외에서의 외교독립운동, 무장독립투쟁론 등을 촉발시키는 등 다양한 형태의 민족운동을 야기하는 계기가 되었다.

삼일운동이 발생한 내적인 배경은 무엇보다도 일제의 한국침략과 무단통치, 그리고 이에 따른 모순 때문이었다. 일제는 1905년 을사늑약을 통해 한국의 외교권을 박탈하고 군대를 해산하였으며, 1910년 8월 22일 한일병합조약을 통해 강제적으로 한국을 식민지화하였다. 한일합방 후 조선총독부를 설치한 일제는 한국인들의 독립운동과 의지를 무력화하고자 헌병경찰제를 통한 무단통치를 자행하였다. 뿐만아니라 경제적으로는 〈토지조사령〉,

---

379) 윤경로, 『105인 사건과 신민회 연구』(서울:일조각, 1990), 73;박용규, 『강규찬과 산정현교회』, 105.

380) 대한예수교장로회평양노회, 『평양노회100년사』(한국장로교출판사, 2012), 86.

식량과 원료 반출, 상품과 자본의 이식을 통한 식민지경제로의 편입을 시도하였다. 사회·종교적으로는 〈사립학교법〉을 개정하여 종교단체의 포교의 자유를 제한하는 등 한국인들을 탄압하고, 민족의 주체성을 말살하고자 하였다. 이러한 일제의 식민통치는 대다수 한국인들의 공분을 불러일으키기에 충분하였다.

삼일운동의 외적인 배경은 미국 대통령 윌슨의 민족자결주의였다. 윌슨은 제 1차 세계대전이 끝나고 파리강화회담을 개최하면서 패전국들의 식민지 상태에 있던 민족들이 스스로 국가의 운명을 결정할 수 있도록 해야 한다는 민족자결주의를 주창하였다. 이러한 국제정세의 변화는 중국 상해에 있던 기독교인들인 김규식, 여운형, 선우혁, 서병호, 신석우, 장덕수 등에게 영향을 주어 이들이 신한청년당을 조직하고, 김규식을 파리 강화회의에 선우혁은 국내로 파송하여 민족독립운동을 전개하도록 한 것이다.[381] 이처럼 한국 기독교는 삼일운동의 태동단계, 준비단계, 확대단계 등 전 과정에서 핵심적이고 중추적 역할을 감당하였다.

2) 삼일운동의 전개과정

삼일운동의 태동은 중국 상해에서 시작되었다. 장로교회의 전도사를 지낸 바 있는 여운형은 일련의 국제정세의 변화를 독립운동의 기회로 보고 1918년 8월 중국 상해에서 '신한청년당'을 결성했다. 제 1차 세계대전이 끝나고 강화회의에 중국을 참여 시키고자 미국의 윌슨 대통령은 크레인(Charles R. Crane)을 특사로 중국에 파송했다. 상해에 도착한 크레인은 한 연설회에서 전후 식민지 처리문제에 있어서 피억압민족의 의사를 존중하여 처리될 것이라고 주장하였다. 이 집회에서 감명을 받은 신한청년당 대표 여운형은 크레인을 방문하여 한국의 독립의사를 강화회의에 참석하여 피력하고 싶다는

381) 박용규, 『강규찬과 산정현교회』, 154.

의사를 전달하였다. 이에 크레인은 긍정적으로 대답을 주었고, 이에 고무된 여운형은 긴급 당원 회의를 개최하여 김규식을 한국대표로 파리에 파견하기로 결정하였다.[382)]

한편 신한청년당은 독립운동을 준비시키기 위해 국내로 선우혁, 김철, 서병호, 김순애, 백남규 등을 밀사를 파견하기로 결정하였다. 국내로 파송된 이들은 국내의 민족지사들을 만나 김규식의 파리강화회담 참가와 국내에서의 독립운동을 설득했다. 당시 국내에 밀사로 파견된 선우혁은 105인 사건으로 옥고를 치르고 잠시 상해에 망명해 있다가 신한청년당에 가입하고 국내로 잠입한 것이다. 그는 105인 사건의 동지들인 선천의 양전백 목사와 정주의 이승훈 장로를 차례로 만나 파리강화회의에 파송된 김규식의 경비를 도와줄 것과 국내에서의 독립운동에 동조해 줄 것을 요청하였다. 양전백 목사는 선우혁의 부탁을 받아들이고, 이승훈 장로를 만나 이 문제를 협의했다. 이승훈도 이에 같이하기로 하고 5천원의 거금을 선우혁에게 주고 길선주와 강규찬을 만나도록 주선했다.[383)]

이승훈의 소개를 받은 선우혁은 길선주와 강규찬을 만나 독립운동을 논의하였고 이들의 적극적인 지지로 평양교계의 지도자들을 만나 독립운동과 의연금 모집을 논의하게 된다. 이 때 모인 사람들은 장로교 총회장 김선두(서문밖교회) 목사, 강규찬(산정현교회) 목사, 김동원(산정현교회) 장로, 이덕환(장대현교회) 장로, 도인권(남감리교) 목사, 김성택(송오동교회) 목사, 그리고 평양예수교서원 총무 안세환 등이었다. 이들은 평양시내의 기독교인과 기독교학교, 그리고 관립학교의 기독학생들을 총동원하는 독립운동을 구체적으로 계획하였다. 이를 위해 윤원삼과 안세환이 숭실대학과 숭실중학교 등 평양 시내 기독교 학교 교사와 학생들을 접촉하여 거사에 참여해줄 것을 교섭하였고,

382) 대한예수교장로회평양노회, 『평양노회100년사』, 92-93.

383) 김양선, 『韓國基督教史研究』, 240-242; 박용규, 『강규찬과 산정현교회』, 158.

이승훈 장로

창동교회 조사였던 이보식이 학생들을 동원하기로 하였다.[384)]

한편 서울에서는 천도교가 독립운동을 계획하고 추진하였다. 최남선의 주선으로 서울에서의 천도교의 움직임을 전해들은 이승훈은 양전백 목사, 유여대 목사, 김병조 목사, 이명룡 장로와 회동하여 독립운동에 있어서 민족대연합을 추진하기로 하였다. 이승훈은 서울의 세브란스 병원 조사 함태영과 약제사 이갑성을 만나 독립운동에 참여해줄 것을 요청하였다. 그리하여 서울 세브란스 병원 구내의 이갑성의 집에서 이승훈, 박희도, 오기선, 오화영, 신흥식, 함태영, 김세환, 안세환, 현순 등 개신교 측 지도자들이 모여 천도교 측과의 협력문제를 상의했고, 이 문제를 위임 맡은 이승훈, 함태영은 2월 24일 최린을 찾아가 기독교와 천도교가 합동으로 독립운동을 추진할 것을 통보했다.[385)]

한편 이승훈은 불교계 인사 한용운과 백용성을 만나 참여를 권유하여 동의를 받아냈다. 그리하여 삼일독립운동에 기독교와 천도교 그리고 불교 세

384) 김영혁, 『창립 100주년 신성학교사』(서울:신성학교 동창회, 2006), 109; 박용규, 『강규찬과 산정현교회』, 158. ; 숭실대학교 90년 편찬위원회 편, 「숭실대학교 90년사」(서울:숭실대학교출판부, 1995), 310.

385) 박용규, 『강규찬과 산정현교회』, 158-159.

종파가 참여하게 되었다. 이 때 참여한 기독교계 인사로는 이승훈, 양전백, 이명룡, 유여대, 김병조, 길선주, 신홍식, 박희도, 오화영, 정춘수, 이갑성, 최성모, 이필주, 김창준, 박동완, 신석구 등 16인, 천도교계 인사로는 손병희, 권동진, 오세창, 최린, 이종일, 권병덕, 양한묵, 김완규, 홍기조, 홍병기, 나용환, 박준승, 나인협, 임예환, 이종훈 등 15인 그리고 불교계 인사로는 한용운 백용성 등 2인, 총 33인이 었고, 손병희가 대표를 맡았다.[386)]

3) 삼일운동과 평북 기독교, 그리고 일제의 탄압

1919년 3월 1일 오후 2시 탑골 공원에서 연희전문 출신의 정재영이 독립선언서를 낭독함으로 전국적으로 일제히 독립만세운동이 일어났다. 민족대표 33인은 지방 부흥회 인도 중인 길선주, 김병조, 유여대, 정춘수 등 네 명의 목사를 제외한 민족대표 29인이 인사동의 태화관에 모여 독립선언서를 낭독하였다. 이날 전국 9개 지역의 도시에서 독립 만세운동이 일어났는데, 서울을 제외한 8개의 도시에서는 기독교인을 중심으로 일어났다.

3월 1일 서울에서 시작된 만세운동은 평양, 선천, 의주, 진남포, 원산, 안주 등 주로 기독교세가 강한 서북지역에서 일어났다. 평양에서는 처음부터 기독교민족운동이 신앙적인 차원에서 전개했다. 장로교 총회장 김선두 목사, 강규찬 목사, 이일영 목사가 중심이 되어 장대현교회, 남문외교회, 사창골교회, 산정현교회, 서문외교회, 창동교회 등 6개의 교회가 연합한 3천명의 사람들이 평양숭덕학교 교정에 모여 고종 황제 봉도식과 독립선언식을 거행하였다.[387)] 총회장 김선두 목사의 사회로 거행된 독립선언식은 숭실대학 출신의 정일선이 담당했고, 산정현 교회 강규찬 목사가 단에 올라 "격려연설"을 했다. 이날 평양의 6개 장로교회 3천여 명의 교우들은 대한독립만

---

386) 박용규, 『강규찬과 산정현교회』, 159.

387) 박용규, 『강규찬과 선정현교회』, 161.

세를 힘차게 부르고 가두로 나가 행렬을 시작하였다. 이 날의 독립선언식은 김선두, 강규찬, 변인서, 이덕환 목사가 주도하였고, 오산학교의 교장직을 사임한 조만식은 거사 전후 여러 지방을 비밀리에 순회하며 중앙에서 진행되는 거사 소식을 각 지방에 전해주고 지역 지도자들에게 3.1독립운동에 동참할 것을 호소했다.[388]

진남포에서는 신흥식 목사의 권유를 받은 기독교계 삼숭학교 교장 홍기황의 주도하에 기독교학생 150여 명과 기독교인 등 군중 500명이 진남포 신흥 감리교회에서 독립선언식을 하고 만세시위를 전개했다. 평북 선천에서는 양전백 목사의 권유로 신성학교 교사 김지웅이 운동을 준비하고, 신성학교 학생 150여 명과 기독교인을 비롯한 군중 500-600명이 운집한 가운데 105인 사건에 연루되었던 신성학교 교사 홍성익이 독립선언서 낭독과 연설을 하고, 신성학교 교사 조승인의 지휘로 만세 시위를 벌였다. 평북 의주에서는 의주 서부교회 인근 공지에서 기독교인 등 군중 수백 명이 운집한 가운데, 의주동교회 유여대 목사가 독립선언식을 거행하고 만세시위를 지휘하였다.[389]

삼일운동은 3월 한 달 동안 전국적으로 848회의 만세시위에 연인원 60만 명을 상회하는 인원이 참가했다. 삼일운동으로 기소된 사람들은 총 7,835명이고 기독교인은 22퍼센트인 1,719명이고 천도교인은 15퍼센트인 1,207명이다. 입감수형자는 총 9,059명에서 기독교인은 22.4퍼센트인 2.032명(천주교 53명)포함이고 천도교인은 15퍼센트에 해당하는 1,363명이다. 당시 기독교 인구는 29만 명으로 한국의 총인구 1,600만 명 비하면 약 1.8%에 불과하였다.[390] 이러한 통계는 당시 1.8%에 불과한 기독교인들이 얼마나 적극적으로 삼일만세운동과 나라의 독립운동에 참여했는지를 보여주는 단적

388) 박용규, 『강규찬과 선정현교회』, 164.

389) 대한예수교장로회평양노회, 『평양노회100년사』, 100.

390) 대한예수교장로회평양노회, 『평양노회100년사』, 101.

3.1운동 주모자 처형 장면

인 증거이다.

한국전역에서 동시에 일어났던 삼일운동에 한국교회가 적극적으로 참가하자, 일제는 교회와 교인들에 대한 탄압을 무자비하게 가하였다. 경기도 화성 제암리교회 사건은 너무도 잘 알려져 있어 논의할 필요조차 없다. 장로교 총회의 보고에 의하면 파괴된 교회당이 12동, 장로교 학교 8곳 파괴, 사살된 자 41명, 매 맞아 죽은 자 6명, 체포된 신도 3,804명, 그 중에서 목사 장로 등 지도자는 134명에 달했다.[391] 평남노회 산하의 교회의 피해를 살펴보면, 길선주, 김선두, 강규찬, 이일영, 김우석 목사와 정일선 전도사, 조만식 장로 등 208명이 체포 수감되었고, 태형으로 처벌받은 자 95명, 벌금형 받은 자 7명, 총상 입은 자 80명, 사망자 12명 등 그 피해를 헤아리기 어려웠다.[392]

평북 선천에도 일제의 탄압의 여파는 미쳤다. 선천의 교회들 가운데서도

391) 『조선예수교장로회 총회 제18회 회의록』(1919);대한예수교장로회 평양노회, 『평양노회 100년사』, 109.

392) 대한예수교장로회 평양노회, 『평양노회 100년사』, 109.

목사 2명이 체포·투옥되었다. 정주에서도 기독교인들을 포함해 많은 사람들이 총에 맞고 죽임을 당했으며 예배당이 불에 탔다. 의주에서도 많은 사람들이 감옥에 갇혔고 선천의 병원은 환자들로 가득 찼다. 결국 여러 교회의 예배당이 소실되었는데 그 중에 공사를 막 끝냈던 삭주의 새 예배당이 포함되어 있었다. 정주의 이승훈과 오산학교, 선천의 양전백과 신성학교 등 기독교 민족운동의 지도자들과 미션스쿨이 포진한 평북노회 역시 삼일운동으로 많은 피해를 입었다. 평북노회는 "특별사건"이라는 이름으로 3.1운동의 피해를 다음과 같이 보고했다.

> ⑵ 금년 3월 분에 대한독립만세로 포살 당한 자가 3 인이오 부상자가 20여 인이며 현금예심에 있는 자가 목사 양전백, 장로 이승훈, 이명룡 3 인이오 복역하는 자 목사 박승호, 계시항, 문윤국, 장로 백시찬, 계영수, 김봉준, 김국명, 심리규, 송래경과 조사 김상현, 김병규 11인과 영수 집사 교인 등 합 18인이오며 태형 당한 자와 구류 당하였던 자는 본 노회 지경에 5백여 인이오, 기타 피신한자는 목사 3인 조사 2인 교인 합 수십여 인이오며 정주읍 예배당 42간 오산예배당 20간과 중학교실 34간 곽산 예배당 24간 도합 1백 20간이 전부 소화되고 혹 2주 혹 1개월 이상 예배하지 못한 곳도 있사오며 본 노회 후에 피착된 목사 김덕선씨는 미결이고 선천읍내 교인 3십여 인이 수금되었사오며,[393]

이러한 평북노회의 피해의 상황은 평북노회가 평남노회와 더불어 얼마나 적극적으로 참여했는지를 보여준다. 이 보고에 의하면 평북노회는 사망자 3명, 부상자 30명, 예심자 3명, 복역자 18명, 태형과 규류를 당한자 5백인, 피신자 수십인이다. 이 밖의 피해로는 정주와 오산 그리고 곽산의 예배당들이 전소된 곳이 다수였다. 평남노회와 평북노회 외에 함남노회와 함북노회 피

---

393) 김성택 편, 『조선야소교장로회 총회 제 8회 회의록』, 95-96;박용규, 『강규찬과 산정현교회』, 180에서 재인용.

해를 포함시킬 경우 3.1독립운동으로 인한 서북지역 한국장로교회의 피해는 이루 말 할 수 없다.[394]

4) 한국기독교 삼일운동의 의의

삼일독립만세운동은 일제의 식민지가 된지 9년 만에 일어난 거국적인 독립운동인 것입니다. 서울을 비롯해 평양, 선천, 원산, 의주 등 12곳에서, 모두 교회 내지는 기독교인들이 중심이 되어 일어났다. 이러한 한국 기독교의 삼일운동 참여의 의의를 살펴보면 다음과 같이 정리 할 수 있을 것이다.

첫째로, 한국기독교는 삼일운동의 태동과 준비, 그리고 진행과정의 장소요 관계망이었다. 한국기독교는 일경의 눈을 피해 태극기를 만들고 독립선언서를 필사하는 장소였으며, 특히 산골짜기 마다 발품을 팔며 전도했던 전도부인과 권서인들은 독립선언서와 태극기를 제작하여 전해주는 관계망이기도 하였다. 헌병경찰의 감시망을 피해 동시에 다발적으로 만세운동이 일어날 수 있었던 원인 가운데 하나는 한국기독교회가 삼일운동의 장소와 관계망으로 역할을 충실히 감당하였기 때문이다.

둘째로, 한국기독교 지도자들이 삼일운동의 태동과 전개과정에 가장 중추적인 역할을 감당하였다는 점이다. 중국 상해에서 신한청년당을 조직하고 국내외에 우리 민족의 독립선언을 주도한 인물들은 모두 기독교인들이었다. 뿐만 아니라, 서울과 평양에서 만세운동을 거국적으로 확산시킨 전개한 인물들도 대부분 기독교 지도자들이었으며, 이들의 지휘로 수천 명, 수만 명의 기독교인들이 참가하여 만세운동을 성공적으로 이끌었다. 이러한 사실은 일

394) 이찬영, 「황해도교회사」(서울:황해도교회사발간위원회, 1995), 273-274.;박용규, 『강규찬과 산정현교회』, 180-181. 1919년 10월 4일 평양신학교에서 회집된 제 8회 총회 때 전국의 각 노회가 보고한 3.1운동 피해 상황을 종합하면 체포된 교인이 총 3,804명, 체포된 목사 장로 134명, 기타 기독교 관계지도자로 체포된 자가 202명, 구속된 성도가 남자 2,125명, 여자 531명, 매 맞고 방면된 자 2,162명, 사살된 성도 41명, 1919년 10월 현재 수감된 성도 1,642명, 매 맞고 죽은 자 6명, 파괴된 교회당 12개, 그리고 파괴된 학교가 8개였다.

제에 의해 체포 구금된 사람들의 숫자만 보아도 알 수 있다.

셋째로, 평양을 비롯한 평남과 평북 지역의 교회들의 피해가 가장 극심했다는 점은 그만큼 서북지역의 기독교회가 그 어느 지역보다도 적극적으로 삼일운동에 참여하였음을 보여준다. 특히 평양의 길선주, 김선두, 유여대, 강규찬, 조만식, 선천의 양전백과 같은 기독교 지도자들은 만세운동을 진두지휘하였으며 대부분 체포되어 투옥되었다.

마지막으로 적지 않은 내한 선교사들이 삼일운동에 대해 협조적이고 우호적인 입장을 취했다는 점이다. 평양의 만세운동에는 마포삼열, 번하우젤, 홀드크로프트 선교사가 참여하였다. 마포삼열은 안식년으로 미국에 가 있는 방위량 선교사에게 삼일운동의 상황을 편지로 전하고, 이를 미북장로회 해외선교부에 알리도록 하였다. 캐나다장로회의 스코필드 선교사는 제암리 교회의 참상을 세계에 알렸다. 특히 조지 맥큔은 삼일운동이 일어난 후 수많은 시위 참가 학생과 교직원을 자신의 집에 숨겨주고 일본헌병들에게 체포되어 투옥된 학생들과 애국지사들 그리고 그 가족들을 찾아 위로하고 도와주었다.[395] 이 밖에도 여러 선교사들이 한국의 삼일운동과 일제의 탄압의 참상을 알렸다.

395) 김영혁, 『창립 100주년 신성학교사』, 103;박용규, 『강규찬과 산정현교회』, 190.

Ⅸ. 결론

휘트모어 선교사는 1896년 내한하여 평북일대의 구령사업을 위해 일생을 바쳤다. 그는 1897년 북쪽지역을 순회여행하면서 평북일대의 한국인 기독교인들을 찾아 세례와 성례를 베풀었다. 1901년 선천선교지부를 의사 선교사인 샤록스와 함께 설립한 후 평북일대는 물론 중국의 만주지역까지 복음 전도를 위해 진력을 다하였다. 이러한 그의 노력으로 선천선교지부 평북지역 일대의 기독교를 괄목할 만큼 성장시켰다. 1896년 휘트모어가 한국에 도착하여 베어드와 함께 평북지역을 처음으로 방문했을 때 이 지역은 6개 기독교 공동체에 60명의 기독교인에 불과하였다. 그러나 선천선교지부가 작성한 1902년도와 1917년도의 보고서를 비교하면 그 25년 동안 평안북도의 전도, 교육, 의료 사역이 4,000퍼센트 증가하였음을 알 수 있다. 또한 휘트모어가 1896년 처음 방문했을 당시 평북 지역의 기독교인이 60명에 불과하였으나 1917년의 6만 2천명과 비교하면 이것은 신자 수에 있어서 천배 이상의 증가가 이루어진 것이다.[396)]

선천지역만 국한해 보면, 1931년도 통계에 의하면 선천선교지부의 교인수는 43,000명이었다. 이것은 휘트모어가 선천에 온 후 1896부터 1931까지 35년 동안 기독교인이 매년 평균 1,200명이 증가한 사실을 보여준다. 또한 선천선교지부가 1901년 설립된 후 1932년까지 선천에 파송된 선교사들은 총 40명이었는데 이들은 각각 짧게는 1년, 많게는 30년간 사역을 하였고, 이들은 평균 12년간 선천선교지부에서 활동을 하였다. 1933년에는 선천선교지부 관할 지역의 전체 교인들이 62,604명이었고, 헌금액수는 총 10만 달러

---

396) Harry A. Rhodes., *History of the Korea Mission Presbyterian Church U. S. A, Volume I* (1884-1934), 최재건 역, 『미국 북장로교 한국선교회사』, 216.

이상이었다.[397] 그러나 선교사들이 수고해서 얻은 것은 당연한 이야기로 선천에서 얻은 큰 결실의 작은 부분에 불과했다.

다수의 교회가 설립되고 신자 수가 늘어가자 교회의 조직이 정비되기 시작하였다. 1907년 독노회가 설립되어 평북대리회를 시작한 교회조직은 1912년 총회의 조직과 더불어 북평안노회로 승격되었다. 이후 북평안 노회는 1916년 산서노회를 분립하였고, 1918년에는 의산노회, 그리고 1929년 용천노회, 1934년 삼산노회와 1939년 평동노회를 분립시켰다. 뿐만 나이라 평북노회는 만주지역의 선교에도 힘써 1921년 남만노회를 설립하였고, 1932년에는 북만노회, 1935년 봉천노회, 1937년에는 영구노회를 각각 분립하였다.

한편 휘트모어는 1901년 선천선교지부를 설립한 후 먼 북쪽지역의 기독교인들을 위해 1908년 강계지역에 선교지부를 설립하는 일에 앞장섰다. 렉 선교사가 강계지역을 순회전도여행을 하다가 천연두로 사망하자, 휘트모어를 중심으로 한 선천선교지부는 1908년 강계지역에 선교지부를 설립하였다. 이후 선천선교지부와 강계선교지부의 선교사들은 한국인 조사들과 더불어 교회를 설립하고, 교회부설의 교육기관을 설립하여 교육전도사역에 심혈을 기울였다. 그 결과 선천과 강계선교지부의 관할 지역과 평북지역에 1921년에 총 90여개의 초등학교가 있었고, 1931년에는 47개 학교에 4천여명의 학생들이 있었다. 특히 선천지역은 평북지역의 기독교 선교의 중심지로 훗날 동양의 예루살렘이라 불리워졌고, 평양보나 기독교인의 비율이 높았다. 이와 같은 선천을 중심으로 평북지역의 기독교 선교는 1896년 10월 처음으로 내한하여 평북지역 일대의 선교를 책임졌던 휘트모어 선교사의 복음전도와 헌신에 기인하였다. 그는 1896년 내한하여 1897년 평북지역의 선교책임자로 임명을 받아 선천선교지부를 설립하고, 여러 선교사들과 더불어 평북지

397) Harry A. Rhodes., *History of the Korea Mission Presbyterian Church U. S. A, Volume I* (1884-1934), 최재건 역, 『미국 북장로교 한국선교회사』, 216.

역과 만주지역 선교의 아버지가 되었다. 그의 수고와 노력은 평북지역에 수많은 교회들을 설립하고 한국인 지도자를 육성하여 서북지역 기독교 발전에 초석을 놓았던 위대한 선교사였다.

부록. 휘트모어 선교사의 미션필드 기고문 번역

1. 선천선교지부에 대한 언급들(KMF. vol. Ⅶ, June.1911)

역사

1885-1890년. 선천지역은 언더우드가 몇 번 방문하였고 한 때는 언더우드 부인도 한번 방문하였다. 또한 감리교 선교회의 아펜젤러와 스크랜튼이 방문하였다.

1890-1891년. 의주에서 사경회를 개최한 마펫 박사가 여러 번 방문하였다.

1891년. 의주에 휴게소를 구입하였다. (지금은 한국인들이 그들의 서쪽 교회로 사용하고 있다.)

1894년. 청일전쟁

1894년-1899년. 평양선교지부의 역량부족과 평양 인접지역의 발전으로 인하여 이 지역은 몇 년동안 방문하지 않았다.

1897년. 베어드와 휘트모어 박사가 이 지역을 방문하고 삭주와 의주까지 갔다. 6개의 소그룹으로 흩어져 있고 대략 60명의 기독교인을 발견하였다. 기독교인들은 처음에 선천에서 예배를 드리기 위하여 만났고 가을에 교회를 세우기 위하여 집을 구입하였다.

1898년. 선천에서 남자들을 위한 첫 번째 연례 사경회가 있었다. 선교지부를 시작할 것을 고대하면서 선천에 땅을 구입하였다.

1899년. 휴게소가 선천에 확보되었다.

1900년. 첫 번째 한국인 선교회가 선천의 기독교 공동체 가운데 조직되었다. 샤록스 박사가 선천을 처음으로 방문하였다. 29개의 집단; 세례자 218명, 전체 교인 1902명.

1901년. 첫 번째 거주시가 세워졌다. 베스트 양이 여자 사경회를 개최하였다. 선교지부가 휘트모어 씨, 샤록스 박사 부부, 렉 부부 그리고 체스 양의 전임으로 정식으로 개설되었다.

의료사역이 임시 장소에서 시작하였다. 렉 씨가 사망하였다. 32개 집단, 420명의 세례자, 전체 교인 2320명

1902년. 렉 부인이 미국으로 돌아갔다. 콜레라가 유행하였다. 로스 부부가 선천으로 전임해왔다. 44개의 집단, 677명의 세례자, 전체교인 3429명.

1903년. 사무엘 양이 도착하였다. 47개 집단, 1027명의 세례자, 전체 교인 4537명.

1904년. 러일전쟁. 러시아 군대가 2월에 선천에 들어왔다. 일본인들이 4월에 들어와 러시아인들을 쫒아냈다. H. E. 블레어 씨가 도착하였다. 57개 집단, 1265명의 세례자, 전체교인 5119명.

1905년. 3개 반 정도의 군들이 감리교에게 주어졌다. 이곳에서 그들은 연변 선교지부를 시작하였다. 새 의료소가 세워졌다. 60개 집단, 1958명의 세례자, 전체교인 6507명.

1906년. 1500명이 앉을 수 있는 새 교회가 세워졌다. 소년학교가 한국인들의 관리 하에 시작되었다. 78개 집단, 3121명의 세례자, 전체교인 6507명.

1907년. 대 부흥운동이 2월에 있은 겨울 대사경회에서 시작되었다. 로버트 씨 부부가 도착하였다. 102개 집단, 4039명의 세례자, 전체교인 15348명.

1908년. 우리지역의 북쪽 절반이 강계선교지부의 지역과 나란히 있다. 로즈 부부와 밀즈 부부가 도착하였다. 119개 집단, 5408명의 세례자, 전체교인 15880명.

1909년. 강계지부가 정식적으로 개설되었고, 블레어 부부와 로즈 부부 그리고 밀즈 부부가 이동해갔다. 신성학교가 세워지고 문을 열었다. 맥쿤 부부가 선천으로 전임해왔다. 헬스트롬 양이 도착하였다. 125개

집단, 6138명의 세례자, 전체교인 23380명.(올해의 숫자는 강계지역을 포함하지 않았다.)

1910년. 램프 부인이 도착하였다. 131개 집단, 7289명의 세례자, 전체교인 25912명.

1911년. 남자 연례 사경회에 등록한 참석자 1783명. 여자 연례 사경회에 등록한 참석자 1284명. 1135명의 남성이 함께 주님의 만찬에 참여하였다. 144개 집단, 8880명의 세례자, 전체 교인 27016명. 1200명을 수용하는 두 번째 교회가 세워졌다.

1901년 선천 지부

휘트모어 목사

샤록스 박사 부부

조지 렉 목사 부부

마리 루이스 체스 양

1911년 선천지부

휘트모어 목사 부부

샤록스 박사 부부

마리 루이스 체스 양

시릴 로스 목사 부부

제인 사무엘 양

로버트 목사 부부

맥큔 목사 부부

램프 목사 부부

힐다 헬스트롬 양

2.사역자들의 훈련(KMF. vol. x. Jan.1914)

일부지역에서 '교회 지도자 감이 없다'고 하는 빈번히 들리는 비판은 나에게 그 이유가 무엇인지, 또한 북쪽지역에서 어느 수준의 훌륭한 사역자를 제공해왔는지 생각하도록 하였다. 우리는 노무자, 벌목꾼, 회장, 요리사 등이 참으로 인정받는 안수례 받은 사역자로, 가까운 장래에 교회사역의 지도자로, 고립되고 먼지역의 효과적인 전도자로 발전하는 것을 보았다. 그들의 발전에 관한 이 견해는 국내에 있는 그들의 친구들에 의한 인정뿐만아니라, 우리가 공급할 수 있는 것보다 더 많은 안수례 받은 사람들을 우리가 계속해서 요청하고 있다는 사실에 의해서도 증명 된다.

나는 이 사람들이 훈련받는 과정을 서술하도록 요청받았기에, 처음부터 상세히 약속된 그리스도인들이 심지어 세례받기 전에 어떻게 일을 하였는지를 보여줄 것이다.

"사찰" 혹은 안내자의 임무는 많은 신학적 훈련이나, 기독교의 근원적 원리들 이상의 지식이 아니라, 한 쌍의 손과 발, 그리고 유용한 의지력을 필요로 한다. 그는 이 도구를 가지고 봉사, 심부름, 등불 관리, 불 지피기, 그리고 교회의 모든 일상적 일들을 정리하고 상당수를 처리해야 할 일들을 발견하는 것이다.

그가 나이가 들어가면서 교회의 이익에 깊은 관심을 나타내면, 그는 의심할 바 없이 곧바로 "권찰" 혹은 이웃들의 지도자로 임명된다. 기독교인들이 모이는 교회가 너무 멀다면, 그는 토요일과 주일날 밤 집회를 책임진다. 또한 그는 이웃들 속에서 그들의 주의를 필요로 하는 특별한 일들, 예를 들어 병이나 사망, 새신자의 회심, 기독교인의 범죄 등의 상황과 관련하여 만들어진 교회의 높은 직책들을 수행하도록 기대된다. 만약 그가 이 능력에 있어서 특별한 은사를 가지고 있다면, 잠시 후에 새로운 집사가 필요로 한다면, 그는 집사 가운데 하나로 지명되어 아마도 선출될 것이다.

집사의 한사람으로 그는 "공동체의 회계"를 감당하게 될 것이다. 그리고 여기에 또한 우리는 사역을 나누고 각자에게 특별한 분야를 할당함으로써 책임감을 발전시키고자 노력한다. 게다가 다수의 큰 교회들에서 그는 교구의 특별한 분야의 감독권을 부여받는다. 같은 방식으로 권찰은 작은 분야의 감독권을 부여받는다.

집사로써 몇 년간 봉사하고 성경반 학생으로, 그의 동료 기독교인들의 설교자와 지도자로 자질을 보인 후에, 새로운 지도자(영수)가 지명될 때, 그는 지도자가 될 것이다. 지도자로서 그는 교회의 영적인 일들에 보다 더 특별한 책임을 지며, 사실상 임시 지도자이다. 그러나 그는 게다가 높은 교회 직책의 부재 시에 모든 교회 일들에 대한 일반적인 감독과 지도력을 가진다. 만약 한 명 이상의 지도자가 있다면, 그 교구는 빈번히 보다 주의 깊은 감독으로 인하여 그들 사이에 분열이 일어난다. 이 지도자들은 목회자나 선교사가 교회를 방문할 때 항상 동석하며, 그들 지역의 모든 기독교인들의 영적 상태에 관하여 보고하도록 기대된다.('기대된다'를 주목하라)

순회여행을 하는 한국인 조사가 있다면, 그는 거의 모든 경우에 1년에 세 달 동안 신학과정을 이수하고 있을 것이다. 이 매년의 신학과정 이수 시에는 선교사와 영수들 가운데 선발된 한 두 명의 임시 조사가 순회구역에 대한 여행을 실시한다. 봉급을 받지 않는 이 임시조사들은 그들이 할 수 있는 시간만큼 사역에 종사한다. 나는 지난해 철두철미하고 마음에 드는 방식으로 활동한 지도자를 알고 있는데, 올해 나는 그를 선교사역을 위한 후보자로 추천하는데 조금도 주저함을 가지고 있지 않다. 그리고 지금 나는 그를 곧 있을 순회여행을 위한 정규 조사로 염두 해 두고 있다.

그는 자신의 발전 과정 속에서 처음으로 조사로서 정규적인 월급을 받았다. 이것은 실질적으로 모든 경우에 그의 순회지역의 기독교인들에 의해 모금된 것이다. 그는 모든 시간을 그 사역에 헌신하였고, 거의 기계적인 교회의 일들 속에서, 교회들과 회중들의 목회자로서 활동하였다. 조사로서 그는 목회자의 완벽한 책임과 능력을 갖추고 안수 받기 전, 몇 년 동안 아마도 5년 동안 훈련과 경험을 하였다.

그가 신학과정을 마치고 조사로 섬겨온 순회지역으로부터 일반적으로 부름을 받을 때, 그는 장로교적 실험을 경험하여야 한다. 이후에 그는 안수를 받고 완전한 선교사역을 맡을 수 있다. 어떤 경우에 그는 동사 목사로, 다른 경우에 그는 단독 목사나 아마도 서간도나 심양과 같이 멀리 떨어진 일부지역에서 선교 목사로 임명된다.

처음부터 사역자의 도움과 훈련을 위해, 그는 일상적인 주중 교회 봉사를 제외하고, 매년 자신의 교회에서 한번 이상의 사경회, 관할 시골지역의 모든 교회들을 위한 보다 큰 사경회, 그리고 선교지부 사역지의 중심에서 연례 반(annual class)을 개최한다. 이외에도 그 해에 모든 교회직원들과 많은 봉사자들을 위한 여름 수련회가 있었다. 만약 그가 실질적으로 활력이 넘치고 필요한 수단을 가졌다면, 그는 자신의 경계를 넘어 다른 지역의 훈련 반에 참석할 것이다.

다수의 목회자들은 한문의 제한된 지식으로 이루어진 매우 온건한 옛 방식의 교육을 받기 시작하였다. 그러나 그들이 성실하다면, 그들은 곧 매우 믿을만한 양의 글을 습득하게 될 것이다. 물론 그들이 조사로서 그들의 사역을 시작하기 전에, 근대 학당과 대학과정을 이수했다면, 너무도 좋을 것이다. 그러나 그들이 신학교에 입학이 되기 전에, 교회사역에 있어서 일부 실질적 경험은 하지 않을 수 없다. 목회 후보자들에 대한 우리의 최근 장로교 실험에서, 우리는 한 대학 졸업생이 사역을 위한 그의 소명과 적합성을 검증할 수 있는 실질적 교회 사역에서 전혀 경험이 없다는 이유로 대기하라고 전달하였다. 한편 서구 교육을 받지 않았으나 몇 년 동안 지도자와 임시 조사로서 믿을만한 경력을 가지고 있는 한 사람은 문제없이 통과되었다. 그의 인격과 교회 사역자로서의 그의 경력을 인정한 것 외에도, 장로교회는 그가 빚으로부터 자유로운지, 그의 아내가 한국어를 읽을 수 있는지를 질문하였다.

최근 장로교 모임에서 이 마지막 질문은 적어도 비록 교사였으나 그의 아내를 적절히 돕는데 소홀히 한 한 사람은 제외되었다.

이것은 우리에게 훌륭한 지도자를 제공하는 우리 장로교 안에서의 프로세스이다. 그리고 이미 안수 받은 교역자가 26명이 있으며, 신학교 교육과정에 입학할 50명이 넘는 사람들이 준비되어 있다.

우리는 15년 넘게 사역자들을 훈련시키는 이 방법을 매우 만족스럽게 여겨왔다. 우리는 이 방법이 완전하다고 주장하지는 않지만, 다른 사람들에게 가치가 있을 것이라는 이유 때문에 이 방법을 기술하였다. 그리고 우리는 그들이 효과적이라고 여기는 방법으로 동일한 것을 행할 것이라 믿는다.

3. 북평안 장로교회의 선교사역(KMF. vol. xl. Jan.1914)

자전(Self-Propagation)은 적절히 설립된 건강한 교회의 본질적 특징 가운데 하나이다. 우리는 우리 장로교회의 조직적인 사역에 관한 아래의 설명들은 그 사역이 건실하고, 우리가 적절히 잘 설립된 교회를 신뢰하고 있다고 느낀다.

북평안 장로교회의 선교사역은 그레엄 리 박사의 감동적인 설교로 1900년 겨울 반으로 시작되었다. 그들 자신의 증언 할 수 있는 것 보다 복음을 더 널리 전파할 기회를 자각하고 있는 한국인들은 선교 단체(a Missionary Society)를 만들기 위해 연합하였다. 다양한 구성원들에 의해 15년 동안 사역해 온 이 선교단체는 더욱 더 중요한 개척사역을 하고 있다.

첫째로 이 선교 단체의 후원자들은 북쪽으로 벽동(Pyuk Tong)까지 걸쳐 있는 지역 교회들로 구성되었다. 이들 교회들은 사역자들을 돕기 위해 대부분 군(counties)들로 이루어진 작은 연합체를 이루었다. 둘째로 5년 동안 빛나는 사역을 해오고 있는 여성 선교단체가 있다. 이 단체들은 몇몇의 경우에 있어서 하나의 기금을 가진 군 연합체(county unions)로 조직화되었다. 이 제도는 매우 효과적이고, 사역의 후원자들과 관계하는데 있어서 장로교 공동체에 매우 편리하였음이 증명되었다. 셋째로, 단기간 혹은 장기간 사역자들을 후원할 특별히 부유한 기부자들이 있다. 이것은 만주지역에서 선교사들의 집과 사역자들에게 지원을 제공한 미국에 거주하는 한국인들을 포함한다.

선교현장.

첫째로 우리의 많은 힘을 쏟아 부은 가정사역 현장이 있다. 우리는 우리의 모든 행정구역(군)의 미개척 지역과 경상북도 지역까지 선교사들을 지니고 있다. 신성학교 학생들이 후원하는 한 선교사가 소속된 선한 그룹이 경상북도에 있다. 이 그룹은 지난해 시작되었다. 영천(Nyong chyun)군 교회들에 의해 후원을 받는 또 다른 선교사는 현재 같은 지역에서 사역하고 있다. 우리 단체는 강계지역의 초기 개척사역을 대부분 책임지고 있으며, 아직도 희창(Hu Chyang)군에 사역자 한사람을 가지고 있다. 또한 우리 단체는 처음부터 서간도(Sekando) 지역을 개척한 대부분의 선교사들을 후원하였고, 현재 그 지역에서 사역하는 세 명의 안수례 받은 목회자를 가지고 있다. 이 단체는 그 거친 지역에 자신의 가족을 데려온 세 명 가운데 두 사람에게 집을 제공하였다. 이들 세 명의 교구는 남쪽으로 압록강(Yalu)의 접경지와 파디강(Padikang) 혹은 훈(Hun)강 동쪽에서 부터 심양(Moukden) 혹은 창춘(Shingking) 지역의 북쪽 경계지역까지 강으로부터 수백리 들어가는 지역까지 펼쳐져 있다.

우리는 서간도 지역을 넘어 더 나아가 지린(Kinrin) 지역의 압록강 인근에 한 명의 선교사를 보내고 있다. 그는 압록강으로 들어가는 마을들에 있는 조선인 거주자들 가운데서 개척과 답사사역을 하고 있다. 그리고 이번 여름은 그 경계를 지나 송화강(Sungari) 유역으로 들어갈 것이다. 압록강 북쪽으로 수백리 떨어져 탕하이(당해)가 있다. 이 지역은 수백 명의 한국인 정착지가 있고, 이들 가운데 일부는 이미 기독교화 되었다.

다음으로 한 명 정착 사역자와 새로운 교회가 있는 심양 지역이 있다. 지금 이 교회는 S.M.K 역으로부터 심양 쪽으로 멀지 않는 곳에 건설 중에 있다. 또한 심양의 목회자는 중심지와 인접한 지역에서 네 개의 그룹을 책임지고 있는데 그들 가운데 하나는 동쪽에, 하나는 서간도의 도로상에 그리고 또 다른 하나는 하얼빈으로 가는 철로에 있는 티에리(칠령)에 있다. 이 선교사는 미국선교본부 구역 내에서 있는 그룹 모임에 참석하기 위해 북경으로 여행을 막 시작할 예정이다. 그는 또한 산해관, 텐진(천진) 등에 철로를 따라 있는 여러 한국인 집단들을 방문할 예정이다.

또 다른 지역은 압록강 위에 있는 안동(단둥, Antoong)과 Kwantien 두 군에 있는 지역이다. 장로교 선교사들, 매서인과 순회조사들에 의해 행해진 사역의 결과 이 지역에서 우리는 5 혹은 6개 그룹과 흩어져있는 다수의 기독교인들을 가지고 있다. 이 군들은 압록강를 따라 길이는 4백리, 강으로부터 뒤로는 1-2백리 정도 뻗어있다. 그러나 조선인들은 대부분 그 지역의 양쪽 끝에 엷게 흩어져 있다.

지난 가을 몇 달 동안 우리는 하얼빈 철로 동쪽에 있는 몽녹현(Mong Nouk Hyen) 가까운 만주에서 사역하고 있는 한 선교사를 지니고 있었다. 우리는 지난 총회에서 우리 장로교회에 할당된 길림지역의 서쪽에 있는 교회들에 의해 깊은 인상을 받았다. 그러나 그 선교사는 그 교회들이 우리가 상상하는 것보다 훨씬 더 러시아의 경계지역과 가깝고, 하얼빈의 동쪽으로 500마일, 북간도에서 수 백리 이내에 있다는 사실을 발견하였다. 방문한 그 구역은 한카(Hanka) 호수 북서쪽으로 적어도 철길로 133마일 떨어진 퐁밀산(Pong Mil San)지역에 있는 그룹들을 포함하고 있기 때문에, 우리는 함경도 장로교에게 우리지역으로부터 들어간 이 이주민들을 섬기도록 요청하였다. 이 지역과 하얼빈 지역 사이에 있는 철길에 있는 엘민포(E Mien Po)에도 다른 큰 무리의 한국인 기독교인들이 있다.

이 모든 사역이외에도, 장로교는 이전의 사역자들 가운데 한사람이며, 지금은 산둥의 총회본부에 소속된 선교사인 김영훈 목사를 대부분 지원하고 있다.

처음부터 우리 사역의 원칙 가운데 하나는 한국인 조사나 목사에게 봉급을 제공한 후에, 모든 회중이 장로교 선교사역을 위하여 제공되는 특권과 의무를 지는 것이었다.

우리는 또한 모든 기독교인들이 자신의 이웃들 가운데 회심하지 않은 사람들에게 복음전도자가 되어야 한다는 이유로 최단기간 동안 지역 선교사들을 고용하도록 격려하였다.

우리는 또한 사역의 수행을 위해 기금을 절약하고 이자만을 사용하는 것보다, 주께서 영혼에 유익을 주시는 것이 더 좋다고 생각하면서, 항구적 근거가 무엇이든지 선교기금의 투자를 격려해왔다. 우리는 돈의 사용을 야기하는 시기심 덕분에 그리고 소량의 특별한 소실들 때문에 이 권고를 만들었다. 이제 우리는 사역자들로부터 오는 최근의 소식을 교회들 가운데 분배하기 위해 격월로 된 소식지를 발행하고 있다. 이러한 일은 우리 지역에 있는 기독교인들의 조직화된 선교사역이다. 각 가정의 평균적인 수입이 아마도 매달 5달러를 넘지 않지만, 우리 선교사 단체의 급여총액은 지난해 동안에 매달 62달러정도였다. 이것은 15년 동안의 노력으로 만들어진 사역의 결과로 인한 조직화되고 연합된 헌신의 결과물이다. 이것을 통해 우리교회의 경계가 확장되었고, 다수의 신자들이 하나님의 나라로 모여졌다.

4. 만주의 부름(KMF. vol. IX. September.1913)

만주로부터 한국인들의 부름은 거의 30년 전 처음으로 들려왔다. 이 때 그들은 자성와 후창 군들의 북쪽 지역에 정착하기 시작하였다. 거기에서 그들은 초기에 심양의 로스(Ross)와 웹스터(Webster) 박사들의 방문을 받았다. 오래 전인 1886년 7월에 우리는 영국 여행가 H. E. M. 제임스가 그들에 관한 기록을 발견하였는데 다음과 같다. "다수의 사람들이 기독교인이었다. 그리고 그들 가운데 한 사람은 우리에게 선교사가 그에게 준 한권의 책을 보여주었다. 1882년에 로스 씨에 의해 번역된 복음서의 일부가 그들 가운데 한 사람의 손에 들어갔고 그는 세례를 받고 돌아와 그의 동료 이주자들에게 기쁜 계절(성탄절)을 알려주었다. 그가 가져온 소식은 집에서 집으로 마을에서 마을로 전파되어 불빛처럼 타올랐다. 그리고 로스와 웹스터 씨가 그들을 방문했을 때, 두 사람은 8명에게 세례를 주는 그들의 의식을 보았다. 이 운동과 관련한 가장 희망적인 모습은 그 운동이 자급(Self-support)에 기반 위에 있었다는 사실이다. 한국인들은 그들 자신의 교회를 세우고 그들 자신의 사역자들을 후원하였다."

이 초기의 정착자들은 그 지역의 어려운 환경 때문에 후에 모두 압록강으로 돌아갔다. 그러나 오래지 않아 다른 사람들이 초산군의 반대편에 있는 약간 남쪽, 곧 지금은 서간도로 알려진 지역에 정착하기 시작하였다.

한국인들 가운데서 사역하기 위해 갈 얍록강(Yaloo)에 있는 기독교 사역자들에 대한 부름은 대략 12년 전에 처음으로 들려왔다. 이 지역(북평안) 교회들의 선교단체에 의해 지원을 받는 한 사역자가 처음으로 압록강(Yaloo)에 가까운 정착자들 가운데서 사역하기 위해 갔다. 그것이 1901년이었다. 다음해 가을에 세 명의 기독교인들을 방문하고 그들이 아주 수가 많고 상당히 신실하다는 것을 발견하였다. 그 때부터 그 사역은 한국과 외국인 사역자들에 의해 주기적으로 방문을 받았고, 돌보아졌다.

한국인들은 그 후 매우 작은 지역에 정착하였으나 오늘날 그것은 훨씬 다르다. 최근의 부름의 형태는 지난봄에 마펫 박사와 함께 계속위원회대회(Continuation Committee Conference)로 모인 만주 선교사들로부터 왔다. 마펫은 다음과 같은 연설을 하였다. “만주 교회는 한국에 있는 미국과 캐나다 장로교회, 그리고 만주로 들어와 한국인들의 복음화를 하고자 하는 다른 선교회들과 협의하여야 한다.”

지난해 동안 나는 만주에 세 번의 여행을 하는 기쁨을 누렸다. 1월의 첫 번째 여행은 말 등에 탄 채 압록강(Yaloo) 골짜기에서 이루어졌다. 초산에서 부터 강계의 로즈와 호프만과 동행하여 나는 연례반이 열리고 있는 나루터의 바깥에 있는 그룹 가운데 하나를 방문하였다. 6월에 나는 안동에서 남서쪽으로 중국의 노새 마차로 75리를 더 가 사역지를 방문하였다. 그리고 7월에 나의 가족들을 동반하여 나는 심양, 라오양(Liaoyang, 요양), 그리고 카이위안(Kai Yuan, 개원)을 방문하였다. 첫 번째 도시에서 우리는 수많은 한국인들을 만나고, 세 장소에서 나는 한국인들을 위한 사역에 관하여 여러 스코트-아일리쉬 장로교 선교사들을 면담하였다.

우리는 모두 최근 특별히 지난해에 만주로 한국인들의 큰 유입을 약간 인식해왔다. 그러나 아마 얼마나 많이 그리고 광범위하게 그들이 흩어졌는지 깨닫지 못하였다.

우리는 수 만 명의 한국인 정착자들을 발견하였는데, 이들은 러시아 프라이모르크(Primorck) 지역에 가까운 북간도에서 시작하여 두만(Tumen) 강 위에 있는 회령(Hoi Ryung)으로부터 지린(Kirin)까지 대상로를 따라 400 리나 뻗어있었다. 이 북간도 정착지는 대부분 서간도로 가는 길의 한국 경계를 따라 남서쪽으로 펼쳐져 있었다. 서간도 지역에서는 아마도 가장 큰 정착촌이 있었는데, 백 명에서 수천 명에 이르는 이들을 합하면 총 5만 명에 이르렀다. 압록강(Yaloo)를 떠나 우리는 파디강(Padi Kang)의 남쪽 지역에서, 그러나 안동에서 좀 더 남서쪽으로 거기와 바다 사이에서 몇 개의 정착지를 발견하였다. 심양에 3-4백 명의 정착촌이 있고, 서쪽으로 몇 개의 큰 정착촌이 있으며, 훈춘 구리 광산에 또 다른 정착촌이 있다.

광둥(Kwangtung)의 임대지역 안에 수백 명의 노동자들이 있다고 알려졌다. 그리고 서쪽지역으로 텐진-심양(Tientsin-Moukden) 선으로부터 뉴창(New Chwang)으로 가는 간선철도 역 가까이에 그 지역의 낮은 곳을 지배하는 또 다른 큰 한국인 정착촌이 있다. 철길을 따라 다른 작은 집단들이 있는데 하얼빈에 120명, 하얼빈과 러시아의 경계지역에 몇 개의 집단, 가장 먼 지역으로 블라디보스토크의 북쪽으로 5백리에 봉밀산(Pong Mil San) 밑 군과 한카(Hanka) 호수에 가까운 지역에 5백명의 정착촌이 있다.

만주 전 지역에서 대략 3만 명의 한국인 정착자들이 있으며, 이들 가운데는 수 천명이 기독교인으로 알려져 있다. 카이위안(Kai Yuan)의 한 역을 통과하여 3월 한 달 동안 심양의 북쪽으로 수 마일떨어져 있는 3천명의 정착촌을 지나 서간도의 서쪽 지역 경계지역까지 갔다. 다른 사람들은 훈춘의 탄광분지로 들어갔고, 다른 수백 명의 사람들은 압록강 골짜기 북쪽을 여행하였다. 넉넉한 사람들은 여성과 어린이를 위하여 중국 수레를 고용하였다. 나는 한 수레 안에 25명의 여성과 어린이들이 꽉 차 있는 것을 보았다. 가난한 사람들은 남자들은 가족의 짐을 지고 여자와 어린아이들과 함께 걸어갔다. 무거운 짐을 지고 있는 것을 보는 것은 마음이 아팠다. 특별히 그들 대부분이 엄혹한 북쪽의 겨울에 거의 익숙하지 않았다.

몇몇은 이 수천의 한국인 정착자들의 유입으로 인한 중국에서의 동요는 거기에 이미 정착한 사람들을 내어쫓거나 더 이상의 이주자들을 용납하지 않을 것이라고 생각하였다. 사정에 밝은 사람들은 이것을 믿지 않으며, 일본 정부가 한국인들이 중국인들에 의해 경작되지 않는 이 희망의 땅을 자유롭게 취할 수 있도록 내버려 둘 것이라고 느낀다.

그리고 지금 교회사역에 관련한 하나의 단어가 이미 만들어졌다. 나는 캐나다 선교회가 이미 북간도에 선교지부를 개설하였다는 사실을 언급하는 것을 제외하고는 언급을 하지 않을 것이다. 서간도에 20개가 넘는 그룹과 2천 명의 기독교인들이 있다. 이들은 한국인 목사 김신군(선천군의 교회들에 의해 후원을 받는다)과 강계의 로즈와 호프만 목사에 의해 보살펴지고 있다. 게다가, 순회여행자들에 의해 지원을 받는 두 명의 조사가 있으며 또한 영국해외성서공회의 조사가 있다. 다시 압록강을 따라 남쪽으로 가 우리는 벽동 의주로부터 강을 건너온 한 작은 기독교 집단을 안동의 남서쪽으로 정착한 사람들 가운데 4, 5개의 집단을 발견하였다. 후자의 집단은 의주로부터 온 조사가 돌보고 있다.

심양에는 예배를 위해 정규적으로 모이는 회중이 있고 이미 그들 자신의 교회를 세우기 위해 돈을 모금하고 있다. 심양지역의 주변에는 기독교인들이 예배를 위해 만나는 세 장소가 있다. 그 지역을 돌보기 위하여 북평안 장로회의 선교회는 최근에 안수례 받은 목사를 파송하고 있다. 그는 후에 심양에 정착할 수 있기를 희망하고 있다.

캐나다 선교회는 이미 한국인들을 관리하기 위해 북간도에 그들의 선교회를 개설하였고, 북장로회 선교회는 가까운 장래에 동일한 움직임을 기대하면서 조치를 취하고 있다. 일부 사람들은 한반도에서 행해진 그렇게 많은 사역들은 함께, 왜 외국인들이 관리하는 선교회를 가진 지역을 더 확장시켜 나가는가?를 질문한다. 그러나 특별히 바람직한 외국 선교회의 도움과 감독을 만드는 상황 속에는 특정한 요소들이 있다.

첫째, 빛나는 복음사역자이며 훌륭한 목사임에도 불구하고, 한국인은 특히 흩어져 있고 잘 모르는 사역의 좋은 조직가는 아니다.

둘째, 항상 기준을 낮추는 경향이 있는 새로운 마을에, 외국인들이 한국인들을 적절한 수준으로 유지시킬 능력이 좀 더 있다.

셋째, 폭넓은 경험을 지닌 외국인은 새로운 정치적 조건들, 다른 교회와의 접촉으로부터 야기되는 문제들을 더 만날 수 있다. 미국 장로회 본부가 선교회 개설을 승낙하고, 현재 한국교회의 빛나는 노력들이 충분히 언급되기를 매우 희망되고 있다. 만약 휘트모어 부인과 내가 지난 7월 그들과 함께 있었을 때, 심양에서 한국인들이 흘린 기쁨의 눈물을 볼 수 있었다면, 그가 한국인들이 먼곳에 있는 그들의 새로운 집에 있는 자신들을 우리가 와서 돌보아 주기를 원하였음을 느꼈다고 나는 확신한다.

5. 봉사를 위한 기회들(KMF 17-4, April, 1921)

코리아 미션 필드의 편집자가 나에게 북장로회선교부에 의해 요청된 주요 품목들의 목록을 제공하도록 요청받았을 때, 나는 일차적으로 나 자신을 고국의 젊은이들에게 소개하게 될 것이다. 어떠한 부름심이 미국과 영국의 젊은이들을 한국으로 오도록 하였는가? 그것은 보다 밝은 빛과 넓은 삶을 위해 울고 있는 1700만 명의 한국인들이었다. 그들 중 수천의 사람들이 복음의 소식을 들었고 도움을 기다리고 있다. 그들은 우리가 그들에게 제공해야만 하는 것들을 위해 열린 귀, 눈과 마음을 가지고 기다리고 있다. 그러나 그들의 모든 요청에 대답하기에 충분하지 않으며, 이 필요에 응답할 훈련받은 한국인 목회자들과 교사들이 아직은 충분하지 않다.

하나의 아이디어가 국내의 몇몇 지역, 심지어 사무국의 간사들 가운데서도 넓게 유행하고 있다. 즉, 복음이 37년 동안 한국에서 이렇게 경이로운 진보를 만들어낸 것은 개신교 선교사들이 열심히 일해 왔기 때문이고, 새로운 선교사들은 많이 필요치 않다는 것이다. 그래서 나는 미개척 이교도들과 이미 설립된 교회들을 위해 다수의 새로운 선교사들이 필요함을 보여주기 위해 노력하고자 한다.

당신과 같은 젊은이들은 다양한 사역들과 세계의 여러 선교현장들을 생각한다. 당신은 국내에서 자신과 충고자들에게 질문하는 첫 번째 질문은 "내가 나의 삶을 가장 가치 있게 할 수 있는 곳은 어디인가?"이다. 그 후 당신은 의심할 바 없이 상황을 분석하고, 문제들과 관계있고 당신의 삶의 사역의 성공의 질문을 담고 있는 다양한 요소들을 부여잡을 것이다.

심각하게 그 질문을 생각하면서 당신은 아마도 그 기후에 영향을 받은 각 시골을 연구할 것이다. 한국은 매우 좋은 기후인데, 우리는 그 기후 가운데서 우리의 자연적 삶 전체를 살아야 한다. 만약 우리가 순회여행을 시도하지 않는다면, 여름에는 수주 간의 짧은 우기를 제외하고는 불쾌하지는 않다.

특별히 북쪽에서 겨울은 건조하고 상쾌하다 기후는 열대지방, 인도 혹은 서 중국보다 더 좋다.

언어 :

당신은 아마도 다음으로 언어에 대하여 생각해야 할 것이다. 그것이 어려울까 그리고 단지 평균적 언어 능력과 아마도 예민하지 않은 귀를 가지고 있는 내가 그것을 터득할 수 있을까? 물론이다. 언어는 힘들지만, 중국의 여러 방언처럼 그렇게 어렵지는 않다. 중국인들의 음색은 언어를 배우는 대부분의 학생들에게 걱정거리이다. 몇 년 동안 열심히 공부할 마음과 결단력을 가진 평균적 사람은 그것을 얻는데 어려움이 없을 것이며, 적어도 모든 삶 속에서 좋은 사역을 할 수 있기에 충분하다.

이번 코리아 미션필드 호가 주로 바쁜 학생들과 장래가 있는 선교사 후보생들의 눈을 겨냥하고 있기 때문에, 나는 우리 선교본부에 의해 임명된 사역자들은 생략하고, 지난 7월 우리 선교회에 의해 요청된 사역자들의 명단을 꼼꼼한 글자 형태로 제공할 예정이다.

안수 받은 사람들 :

다음의 선교지부들을 위해 13명의 안수 받은 사역자들이 있다. 선천 2명, 청주 1명, 재령 2명, 서울 2명, 평양 2명, 강계 1명, 만주 신빈 1명, 대구 1명, 선교회를 위하여 한명의 주일학교 사역자 등이다. 그러나 훼손된 선교지부에서 원하는 이 13명의 안수 받은 사람들을 기다리는 특별한 사역은 무엇인가? 만주의 큰 지역을 포함하여 우리 장로교 지역은 550만 명 정도의 인구를 가지고 있다. 이 인구 속에서 우리는 단지 2%로가 조금 넘는 11만 7천명의 기독교 지지자들을 가지고 있다. 다른 98%에게 복음을 전하기 위하여 137명의 안수 받은 목회자와 215명의 조사(안수 받지 않은 사역자) 그리고 활동적으로 증거 하는 교회가 있어야 한다. 그러나 그들은 도움을 필요로 하고 선교회는 이미 개설한 9개의 선교지부의 직원들을 증가시켜야할 뿐 아니라, 2-3개의 다른 선교지부를 개설하는 것이 바람직하다. 특별히 시골지역에서 불신자들은 더 들어야 하고 여러 지역에서 그들은 가르침을 받기를 원하고 있다. 한국교회는 그들의 회심하지 않은 시골 사람들을 위한 노력들 속에서 개인적이고 인격적인 노력과 조직화된 선교회 단체들에 의해 위대한 사역을 행하고 있다. 그러나 이것이 모든 것을 할 수 있는 것은 아니다.

다음으로, 정규적인 목회 사역이 있다, 곧 교회들을 순회하고, 교회 안으로 들어오는 세례 문답자와 회원들을 시험하고 받으며, 교회 안으로 들어오는 새로운 집단들을 권고하고 훈련하고 조직하며, 장로를 세우고 일반적으로 교회사역을 감독하는 것이다. 안수 받은 한국인 목사들의 수는 아직 매우 적다. 그리고 교회들을 순회할 선교사들에 대한 요청이 멈추어야 할려면 여러 해가 걸릴 것이다. 우리 장로교의 일부는 단지 한 두 명의 외국인 구성원들을 가지고 있으며, 장로교의 다양한 위원회와 이사회 등에서 도와야할 끊임없는 요구들이 있다. 서양에서 온 사역자가 교회들 속에서 커다란 수많은 사역들을 위해 지속적으로 요구되고 있다.

거의 모든 우리의 선교지부들은 남녀를 위한 성경학교를 운영하고 있다. 이 사람들을 위한 학교들은 농사일의 압력이 없는 겨울에 한 달 혹은 6주간 일반적으로 행해졌다. 신생교회 직원들과 다른 유망한 사람들이 성경공부를 위하여 자신의 비용으로 들어와 그들의 교회 사역에서 더 훌륭한 효율성을 준비하였다. 그들은 똑똑한 행유의 사람들이며, 해마다 그들을 가르치고 그들의 진보를 보는 것은 위대한 영감이었다. 그들 가운데 다수가 신학교에 입학하여 목회사역으로 들어갔습니다.

우리 선교지부 가운데 4곳은 젊은이들, 주일학교와 YMCA에서 특별히 일할 사역을 감당할 사람들을 부르고 있다. 이것은 우리가 함을 모아 해야 할 사역이지만 우리는 이를 위해 필요한 힘을 가지고 있지는 않다. 또한 선교부는 선교주일학교 사역자를 요청하고 있다. 다행스럽게도 우리 나이든 사역자들 가운데 한 사람의 아들이 자원하였다. 그러나 한 사람으로는 충분치 않다. 이 땅의 젊은이들은 그들의 기회를 깨닫고 있다. 그들은 에너지, 열정을 가지고 있으며 현재 그들 가운데 다수는 좋은 교육을 받았고, 그들은 자신과 그들의 불운한 동료들을 위해 일하고자 도움과 안내를 요청하고 있다. 주일학교 기관들은 적어도 매년 각각의 큰 지역에서 개최되어야만하지만 아직 우리는 거의 시작을 하지 못하고 있다.

노회마다 1년에 두 번씩 개최되는 대사경회의 가르치는 능력은 너무나 작다. 또한 우리 모두는 매년 대부분의 교회들에서 개최되는 소사경회에서 수많은 도움을 요청받고 있다. 군 사경회마저도 외국인 목회자들이 참석할 수 없으며 더 많은 도움이 이 사역을 위해 필요로 하고 있다.

신학교는 여전히 많은 교수요원을 필요로 하고 있으나 선교부들은 아직도 미국으로부터 오는 새로운 구성원들이 작기 때문에 선교현장으로부터 많은 사람들을 빼어낼 수가 없다.

복음사역을 위한 여성들

신빈(창춘), 서울, 평양, 대구와 같은 선교지부를 위하여 4명의 복음전도 여성들이 필요하다. 이 여성들은 복음전도와 교육사역을 위해 필요하다. 우선 한국인 성서부인에 의해 도움을 받는 여성들을 위한 성경 반을 개최하면서, 우리 선교부와 연관된 수 백개의 교회들 가운데 순회전도하기 위해서 이다. 군 중심지에서는 적어도 일년에 한 번씩 여성들이 수백명씩 모이고 있다. 여자성경학교가 또한 대부분의 우리 선교지부들에 세워졌고 남자들을 위한 기관보다 더 오랜기간 동안 운영되었다. 그 해 시골의 여성공부반이 실행되지 않을 때, 여성들의 모든 시간은 전적으로 지역교회의 사역이 차지할 수 있다.

4명의 교육자들

대구, 소년학당에서 사역을 감당한 두 번째 인물, 서울, 존 디, 웰스 학당에서 사역을 감당한 두 번째 인물, 선천, 소년학당에서 교사로 일한 세 번째 인물, 평양, 숭실대학의 또 다른 교수. 비록 그것이 요청과 기회의 수단은 아닐지라도, 현재 교육사역 만을 위해 4명이 요구되고 있다. 이들 가운데 둘은 가르침과 관리 측면에서 번창하는 학당 사역을 도와야 한다.

지난해 우리 학당들은 충분한 수용력을 지니고 있었다. 그리고 4월 새 학년이 시작될 때 입학 요구는 모든 우리학교들을 기숙사에 채우고도 남았다. 그 학교들 중 하나로부터 아침에 받은 한 편지는 새로운 학생 2백 명 미만을 수용할 수 있는 기숙사를 가지고 있으나 3, 4 백명의 입학후보자들이 있다고 지적하고 있다. 이 학생들 가운데 큰 부분은 자급하고 있으며 그들의 학업과정을 끝내는데 도움을 필요로 하지 않는다.

이 네 명 가운데 한 사람은 선천의 학교에서 교사로서 일하도록 요청되고 있다. 선천의 학교는 이미 3백명의 학생들이 등록을 하였고, 그들 중 다수는 자조부에서 '일을 하고 있다'(목공, 금속과 농장)

네 번째 사람은 평양의 숭실대학에서 교사로 봉사하기를 원한다. 이 대학은 한국 선교지부들 가운데 네 번째를 대표한다. 이 대학은 7명의 선교사와 1 백 명이 넘는 학생회를 포함하여 20명의 교수단을 가지고 있다. 젊은이들은 교회의 정수요 기관은 우리 사역의 가장 약속 있는 사역이다.

소녀학교에시 교육사역늘 감당할 7명의 여성. 선천 산업교사, 서울 산업교사, 대구 학당교사, 각각 평양, 대구 선천에서 일한 3명의 유치원 교사, 평양 학당 교사.

올해 요청되는 7명 가운데 2명의 교사가 이미 몇 명의 미국인 사역자들이 있는 기관들을 위해 필요로 한다. 두 명은 아직 한명의 미혼인 사역자, 곧 교장을 지니고 있는 큰 산업부를 지닌 기관들을 위해서이다.

선천의 루이 체스 기관은 이미 자조부에서 60명이 넘는 학생들이 일하고 있고 년간 1만 달러가 넘는 사업을 하고 있다. 북평안지역의 여성들은 몇 년 전 종교교육에 관한 총독부의 새 교육규칙 때문에 폐쇄된 학당의 재건을 큰 소리로 외치고 있다. 이 지역의 기독교인들은 만약 선교부가 오직 외국 관리자를 공급한다면, 이러한 기관들을 기부금을 제공할 것이다.

의료사역자들

9명의 의사: 선천에 한 사람, 안동에 2사람. 청주 2명, 강계 2명, 재령 2명.

우리 선교회는 4개의 병원을 가지고 있다. 그들 가운데 둘은 좋고 근대적이며 2층 짜리 건물이다. 모두 그들을 관리할 의사의 부족으로 폐쇄되었다. 그래서 우리 선교회는 9명의 의사를 요청하고 있다. 선천병원의 두 번째 의사를 제공하기 위해 한 사람, 현재 일시적으로 폐쇄된 4개의 병원에 각각 2명의 의사. 수도에 있는 연합기관인 세브란스 병원은 다양한 협력 선교회들에 의해 제공되는 상당한 직원을 가지고 있다.

병원이 폐쇄된 이들 센터들에 있는 한국인 기독교인들은 계속적으로 새 의사가 그들에게 오기를 요청하고 있다. 옛 한국의 의료시술의 적은 지식을 가진 것을 제외하고는 없었기에 사람들은 보다 많은 의료사역자들을 확보하고자 했다. 한국인 의사들은 그 나라의 두 개의 의학교로부터 좋은 구성원들 가운데에서 졸업하고 있었다. 그러나 그들이 상황을 전적으로 돌 볼 수 있으려면 한 세대가 걸릴 것이다. 이 분야를 생각하는 의사들은 그가 몇 년의 과정 속에서 '하나의 직업 밖에 없을 것'이라는 사실을 두려워하지 않을 것이다.

6명의 간호사.

평양, 안동, 재령, 신빈(창춘), 청주 그리고 선천을 위하여. 또한 세브란스 병원을 위한 세간호사.

외국의 간호사를 요청하는 이들 선교지부 5개는 전혀 없으며 다른 곳만이 한명이 있다. 만약 우리병원을 계속 채우고 있는 다수의 환자들을 볼 수 만 있다면, 조무사나 학생 간호사로서 입장으로 온 초보 후보자들을 훈련시키는 것은 말할 것도 없고, 그들은 이 모든 병원들에서 단지 간호사들의 감독자 이상의 사역이 있다는 사실을 깨닫게 될 것이다. 일부 우리 병원들은 그들에 대한 요구가 너무 많아 심지어 단 한 명의 한국인 졸업생 간호사 없이도 일을 해야만 한다.

만약 국내에서 어떤 간호사가 외국지역을 생각하고 있다면, 그녀는 그녀의 봉사를 위한 큰 요구가 있다는 사실에 만족할 수 있을 것이다. 또한 수간호사가 서울의 세브란스 병원에서 요청되고 있다. 이 병원은 이미 1백개의 병상이 넘고 크게 확장된 건물 계획이 구상되고 있다.

중요도에 있어서 적지 않은 것은 실행위원회를 위해 좋은 속기사가 필요하다. 이 사역을 하기 위해 올 사람은 해야 할 많은 일 뿐만 아니라, 그 사역을 행함에 있어서 대부분의 경우에 있어서 특별한 훈련이나 기술을 가지고 있지 않은 타이프 작업에 그의 대부분의 에너지를 투자해야했야만 한다. 나이든 선교사들 가운데 한사람이 거의 대부분의 시간을 제공한 일이다. 이러한 사역자는 실행위원회의 의장이 바뀔 때마다 해마다 이주해야만 한다. 이러한 이유로 선교본부는 단기사역자를 보내야 한다고 생각한다. 이들은 미혼 남성이나 여성으로 필연적인 변화들을 감내할 수 있이야 한다. 이 속기사는 실행위원회의 유용성을 경이롭게 배가시키며, 선교후보생들의 서신왕래, 다른 분야에서의 선교방법론 연구와 다수의 어려운 문제들에 대한 조사를 통해 야기되는 전적으로 불가능한 다량의 사역들을 착수할 수 있도록 한다. 이 모든 일들과 여러 일들은 실행위원회 의장이 그의 서신의 기계적인 부분의 짐으로부터 자유하다면 착수 될 수 있을 것이다.

이상은 우리가 국내교회의 젊은이들에 대한 조심스러운 주의와 기도하는 숙고를 제공해야만 하는 약속있는 기회의 일부이다. 결과들은 과거에 컸다, 미래에 그들이 그렇게 되어 질 모든 이유가 있다. 당신은 우리와 연합하여 이 기쁜 봉사를 함께 하지 않겠는가?

참고문헌

국문자료

김명배, 『세계기독교사 관점에서 본 한국기독교사』(서울: 북코리아, 2011)

김승태, 박혜진 엮음, 자료총서 제 18집 『내한선교사 총람, 1884-1984』(서울: 한국기독교역사연구소, 1994),

김인수, 『한국기독교회사』(서울: 한국장로교출판사,1994)

김양선, 『韓國基督教史研究』(서울: 기독교문사, 1980)

김영혁, 『창립 100주년 신성학교사』(서울: 신성학교 동창회, 2006)

곽안련 편, 『장로교회사전휘집』(조선예수교서회, 1918)

대한예수교장로회평양노회, 『평양노회100년사』(서울: 한국장로교출판사, 2012)

대한예수교장로회총회, 『해방 전 북한교회총람』(서울: 남북한선교통일위원회 북한문제연구소, 1999)

민경배, 『한국기독교회사』(서울: 연세대학교출판부, 2007)

박용규, 『강규찬과 평양 산정현 교회』(서울: 한국기독교사연구소, 2013)

백낙준, "成立背景과 初期史略", 『神聖學校史』(서울: 신성학교 동창회, 2006)

신성학교 교사편찬위원회, 『신성학교 100년사』(서울: 신성학교동창회, 2006).

신용하, 『한국민족독립운동사연구』(서울: 을유문화사, 1986)

서명원, 『한국교회성장사』(서울: 기독교서회, 1966)

선천군지(宣川郡誌),(1977)

숭실대학교 90년 편찬위원회, 『숭실대학교 90년사』(서울: 숭실대학교출판부, 1995)

이덕주, 『한국 그리스도인의 개종이야기』(서울: 전망사, 1990)

이덕주, 『한국 토착교회 형성사 연구』(서울: 한국기독교역사연구소, 2001)

이만열, "한국성서반포사업", 『신학정론』 13권 2호(1985)

이찬영, 황해도교회사(서울: 황해도교회사발간위원회, 1995)
윤경로, "신민회와 남강의 경제활동 연구", 『남강 이승훈과 민족운동 남강 문화재단』(서울: 남강문화재단출판부, 1988)
윤경로, 『105인 사건과 신민회 연구』(서울: 일지사, 1990)
차재명, 『조선예수교장로회사기(상)』(서울: 신문내교회, 1928)
최재건 역, 『미국 북장로교 한국 선교회사』(서울: 연세대학교출판부, 2009),
평북노회사편찬위원회, 『평북노회사』(서울: 기독교문사, 1979)
한국기독교역사연구소 편, 『조선예수교장로회 사기(하권)』(서울: 한국기독교 역사연구소, 2002)
한국기독교역사연구소 편, 『북한교회사』(서울: 한국기독교역사연구소, 1996)
한국기독교역사연구소 편, 『105인 사건 공판 참관기』(서울: 한국기독교역사연구소, 2001)
한국기독교역사연구회, 『한국기독교의 역사 Ⅰ』(서울: 기독교문사, 1995)
한국교회사학회편, 『조선예수교장로회사기 (하)편』(서울: 연세대학교출판부, 1968)
한동인, 『대한예수교장로회평북노회 100년사』(서울: 기독교문사, 2014),
웅진출판 편집부, 『한국민족문화대백과사전』(서울: 웅진출판, 1991)
황기식, "간도,만주 연해주 지역 한국장로교 노회형성사", 『제 6회 한국교회 사포럼 미간행 자료집』(서울: 대한예수교장로회 총회 역사위원회, 2015. 6. 16)
현규환, 『한국인 이민사』(서울: 흥사단출판사, 1976)
『조선예수교장로회 독노회 제 1회 회의록』(1907. 9.17)
『조선예수교장로회 전라노회록 제 1회 회의록』(1911. 1. 15.)
『조선예수교장로회 독노회 제 5회 회의록』(1911.9. 17)
『조선예수교장로회 경충노회 제 1회 회의록』(1911. 12. 4)
『조선예수교장로회 독노회 제 5회 회의록』(1911. 9. 17)
『조선예수교장로회 전라노회 제 1회 회의록』(1911. 9. 18)

『조선예수교장로회 총회 제 1회 회의록』(1912. 9. 1)
『조선예수교장로회 총회 제 5회 회의록』(1916. 9. 2)
『조선예수교장로회 총회 제 7회 회의록』(1918. 3. 31)
『조선예수교장로회 총회 제 8회 회의록』(1919. 10. 4)
『조선예수교장로회 총회 제 20회 회의록』(1931. 9. 11)
『조선예수교장로회 총회 제 24회 회의록』(1934. 9. 11)
『조선예수교장로회 총회 제 25회 회의록』(1935. 9. 19)
『조선예수교장로회 총회 제 29회 회의록』(1940. 10. 3)
『조선예수교장로회 총회 제 30회 회의록』(1941. 11. 21)

영문자료

Annual Report of Korea Mission, Presbyterian Church, U.S.A., 1904.
Annual Report of Korea Mission, Presbyterian Church, U.S.A., 1905,
Annual Report of Korea Mission, Presbyterian Church, U.S.A., 1907.
Best. Margaret., Letter to Dr. Brown, Mar. 12, 1907.
Hunt. William B., Letter to Brown, April 1, 1907.
Kearns. C. E., Letter to Dr. Brown. Mar. 3, 1907.
Kearns. C. E., "More and Yet More," *KMF.* Ⅱ:9, Jul. 1905.
Korea Mission Field, May, 1911.
Korea Mission Field, June, 1911.
Korea Mission Field, September, 1911.
Korea Mission Field, September, 1913.
Korea Mission Field, January, 1914.
Korea Mission Field, April, 1921.
Rhodes. Harry A., *History of the Korea Mission Presbyterian Church U. S. A*, Volume Ⅰ(1884-1934), Seoul, Chosen Mission Presbyterian Church, 1934.

Whittemore, N. C., Letter to Dr. Ellinwood, New Haven, 1896, 3, 27.

Whittemore. N. C., Letter to Dr. Ellinwood, Pyengyang, 1896, 12, 26.

Whittemore. N. C., Letter to Dr. Ellinwood, Pyengyang, 1897, 5, 16.

Whittemore. N. C., Letter to Dr. Ellinwood, Pyengyang, 1897, 9, 24.

Whittemore. N. C., Letter to Dr. Ellinwood, Pyengyang, 1897, 10, 29.

Whittemore. N. C., Letter to Dr. Ellinwood Pyengyang, 1898, 5, 23.

Whittemore. N. C., Letter to Dr. Ellinwood, Pyengyang, 1898, 8, 10.

Whittemore. N. C., Letter to Dr. Ellinwood, Pyengyang, 1898, 11, 11.

Whittemore. N. C., Letter to Dr. Ellinwood, Pyengyang, 1898, 12, 30.

위대모魏大模와 평북 기독교

초판 발행일 2017년 4월 30일

저 자 김명배
발행인 황준성
발행처 숭실대학교 출판국
등 록 제14-2호(1982. 1. 25)
서울 동작구 상도로 369
전 화 02-820-0772
팩 스 02-817-5297
홈페이지 http://press.ssu.ac.kr
디자인·인쇄처 디자인 그린비(02-2275-5756)
값 12,000원

ISBN 978-89-7450-367-3 04230

* 이 책은 저작권법에 따라 보호받는 저작물이므로 무단전재와 무단복제를 금지하며, 이 책의 내용의 전부 또는 일부를 이용하려면 반드시 저작권자의 서면 동의를 받아야 합니다.
* 잘못된 책은 바꾸어 드립니다.